# 일본어 쓰기 수첩

### 쓰기
### 수첩

## ☑ 중급문장 100

# 매일 한 줄 쓰기의 힘

여러분,
한꺼번에 수십 개의 단어와 문장을 외웠다가
나중에 몽땅 까먹고 다시 공부하는
악순환을 반복하고 싶으신가요?

아니면 하루 1문장씩이라도
확실히 익히고, 직접 반복해서 써보며
온전한 내 것으로 만들어
까먹지 않고 제대로 써먹고 싶으신가요?

매 일 일 본 어 습 관 의 기 적 !

# 나의 하루 1줄
# 일본어 쓰기 수첩

☑ 중급문장 100

" 외국어는
    매일의 습관입니다. "

# 일본어 '공부'가 아닌
# 일본어 '습관'을 들이세요.

많은 사람들이 외국어를 공부할 때, 자신이 마치 내용을 한 번 입력하기만 하면
죽을 때까지 그걸 기억할 수 있는 기계인 것마냥 문법 지식과 단어를
머릿속에 최대한 많이 넣으려고 하는 경향이 있습니다.
하지만 이 공부법의 문제는? 바로 우리는 기계가 아닌 '인간'이기 때문에
한꺼번에 많은 내용을 머릿속에 우겨 넣어 봐야 그때 그 순간만 기억할 뿐
시간이 지나면 거의 다 '까먹는다는 것'입니다.

# '한꺼번에 많이'보다
# '매일매일 꾸준히' 하세요.

까먹지 않고 내 머릿속에 오래도록 각인을 시키려면,
우리의 뇌가 소화할 수 있는 만큼만 공부해 이를 최대한 '반복'해야 합니다.
한 번에 여러 문장을 외웠다 며칠 지나 다 까먹는 악순환을 벗어나,
한 번에 한 문장씩 여러 번 반복하고 직접 써보는 노력을 통해
일본어를 진짜 내 것으로 만드는 것이 제대로 된 방법입니다.

# 어느새 일본어는
# '나의 일부'가 되어있을 겁니다.

자, 이제 과도한 욕심으로 작심삼일로 끝나는 외국어 공부 패턴을 벗어나,
진짜 제대로 된 방법으로 일본어를 공부해 보는 건 어떨까요?

# 쓰기 수첩 활용법

ペンを 貸して くださいませんか。

펜을 빌려주지 않겠습니까?

① 동사의 'て형'에 'て くださいませんか'를 붙이면 '~해 주지 않겠습니까'라는 뜻의 '정중한 의
뢰, 부탁'의 표현이 됩니다. 이 표현은 앞서 배운 'て ください(~해 주세요, ~하세요)'보다 정중
도가 높은 표현입니다.

② 「V(て형) + て くださいませんか」 = 「~해 주지 않겠습니까?」
　貸す (빌려주다) → 貸して くださいませんか。= 빌려주지 않겠습니까?

①

---

MP3 듣고 따라 말하며 세 번씩 써보기　　　　　　　　　　mp3 013

①

②

③

②

---

응용해서 써본 후 MP3 듣고 따라 말하기　　　　　　　　　mp3 014

① 불을 켜 주시지 않겠습니까? [불 = 電気, 켜다 = つける]

→

② 좀 도와주시지 않겠습니까? [좀, 잠깐 = ちょっと, 도와주다 = 手伝う]

→

①電気を つけて くださいませんか。

②ちょっと 手伝って くださいませんか。

③

# 1 하루 1문장씩
## 제대로 머릿속에 각인시키기

일본인들이 가장 기본적으로 쓰는 문장을 하루 1개씩, 총 100개 문장을 차근차근 익혀 나가도록 합니다. 각 문장 1개를 통해 일상생활 필수 표현 및 핵심 문형 1개 & 새로운 어휘 2~3개를 함께 익힐 수 있습니다.

# 2 그날그날 배운
## 문장 1개 반복해서 써보기

그날그날 배운 문장 1개를 수첩에 반복해서 써 보도록 합니다. 문장을 다 써본 후엔 원어민이 직접 문장을 읽고 녹음한 MP3 파일을 듣고 따라 말하며 발음까지 확실히 내 것으로 만들도록 합니다.

# 3 배운 문장을 활용해
## 새로운 문장 응용해서 써보기

그날그날 배우고 써봤던 일본어 문형에 다른 어휘들을 집어 넣어 '응용 문장 2개' 정도를 더 써보도록 합니다. 이렇게 함으로써 그날 배운 일본어 문형은 완벽한 내 것이 될 수 있습니다.

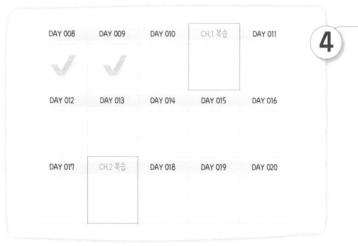

본 교재는 '중급문장 100'에 해당합니다.

# 4 매일매일 쓰기를 확실히 끝냈는지 스스로 체크하기

외국어 공부가 작심삼일이 되는 이유 중 하나는 바로 스스로를 엄격히 체크하지 않아서입니다. 매일 쓰기 훈련을 끝마친 후엔 일지에 학습 완료 체크 표시를 하며 쓰기 습관이 느슨해지지 않도록 합니다.

# 5 '기초-중급-고급'의 단계별 쓰기 훈련 & 유튜브 영상 학습

나의 하루 1줄 일본어 쓰기 수첩은 '기초-중급-고급'으로 구성되어 있어 수준을 단계적으로 높여 가며 일본어를 마스터할 수 있습니다. 또한 학습자들의 편의를 위해 교재의 내용을 저자의 유튜브 영상으로도 학습할 수 있도록 하였습니다. (하단의 QR코드 스캔 시 강의 채널로 이동)

# 쓰기 수첩 목차

# 나의쓰기 체크일지

본격적인 '나의 하루 1줄 일본어 쓰기' 학습을 시작하기에 앞서, 수첩을 활용하여 공부를 진행하는 방법 및 '나의 쓰기 체크 일지' 활용 방법을 안내해 드리도록 하겠습니다. 꼭! 읽고 학습을 진행하시기 바랍니다.

## ✓ 공부 방법

① 'DAY 1'마다 핵심 일본어 문형 및 문장 1개를 학습합니다.

② 배운 문장 1개를 MP3를 듣고 따라 말하며 3번씩 써봅니다.

③ 배운 문장 구조를 응용하여 다른 문장 두 개를 작문해 본 다음 MP3를 듣고 따라 말해 봅니다.

④ 또한 챕터 하나가 끝날 때마다 복습 및 작문 테스트를 치러 보며 자신의 일본어 실력을 점검해 봅니다.

⑤ 이 같이 학습을 진행해 나가면서, '나의 쓰기 체크 일지'에 학습을 제대로 완료했는지 체크(V) 표시를 하도록 합니다.

| ▶▶▶ START | Warm Up | DAY 001 | DAY 002 |
|---|---|---|---|
| DAY 003 | DAY 004 | DAY 005 | DAY 006 | DAY 007 |

| | | | | |
|---|---|---|---|---|
| DAY 008 | DAY 009 | DAY 010 | CH.1 복습 | DAY 011 |
| DAY 012 | DAY 013 | DAY 014 | DAY 015 | DAY 016 |
| DAY 017 | CH.2 복습 | DAY 018 | DAY 019 | DAY 020 |
| DAY 021 | DAY 022 | DAY 023 | DAY 024 | DAY 025 |
| DAY 026 | CH.3 복습 | DAY 027 | DAY 028 | DAY 029 |
| DAY 030 | DAY 031 | DAY 032 | DAY 033 | CH.4 복습 |
| DAY 034 | DAY 035 | DAY 036 | DAY 037 | DAY 038 |

| DAY 039 | DAY 040 | DAY 041 | DAY 042 | DAY 043 |
|---------|---------|---------|---------|---------|
| CH.5 복습 | DAY 044 | DAY 045 | DAY 046 | DAY 047 |
| DAY 048 | DAY 049 | DAY 050 | DAY 051 | CH.6 복습 |
| DAY 052 | DAY 053 | DAY 054 | DAY 055 | DAY 056 |
| DAY 057 | DAY 058 | CH.7 복습 | DAY 059 | DAY 060 |
| DAY 061 | DAY 062 | DAY 063 | DAY 064 | DAY 065 |
| DAY 066 | CH.8 복습 | DAY 067 | DAY 068 | DAY 069 |

| DAY 070 | DAY 071 | DAY 072 | DAY 073 | DAY 074 |
|---------|---------|---------|---------|---------|
|         |         |         |         |         |
| DAY 075 | DAY 076 | DAY 077 | CH.9 복습 | DAY 078 |
|         |         |         |         |         |
| DAY 079 | DAY 080 | DAY 081 | DAY 082 | DAY 083 |
|         |         |         |         |         |
| DAY 084 | DAY 085 | CH.10 복습 | DAY 086 | DAY 087 |
|         |         |         |         |         |
| DAY 088 | DAY 089 | DAY 090 | DAY 091 | DAY 092 |
|         |         |         |         |         |
| DAY 093 | CH.11 복습 | DAY 094 | DAY 095 | DAY 096 |
|         |         |         |         |         |
| DAY 097 | DAY 098 | DAY 099 | DAY 100 | CH.12 복습 |
|         |         |         |         |         |

# 나의 다짐

다짐합니다.

나는 "나의 하루 한 줄 일본어 쓰기 수첩"을

언제 어디서나 휴대하고 다니며

하루 한 문장씩 꾸준히 포기하지 않고

열심히 쓸 것을 다짐합니다.

만약 하루에 한 문장씩 쓰기로 다짐한

이 간단한 약속조차 지키지 못해

다시금 작심삼일이 될 경우,

이는 내 자신의 의지가 이 작은 것도 못 해내는

부끄러운 사람이란 것을 입증하는 것임을 알고,

따라서 내 스스로에게 부끄럽지 않도록

이 쓰기 수첩을 끝까지 쓸 것을

내 자신에게 굳건히 다짐합니다.

_____ 년 _____ 월 _____ 일

이름: _____

# WARM UP

중급문장 100개를 익히기 전, 기초문장을
제대로 알고 있는지 가볍게 확인해 봅시다.

① 일상생활 속 인사말 하기

② 직업, 국적, 관계 말하기

③ 전화번호, 요일, 시간 말하기

④ 현재의 상태나 성질, 감정 말하기

⑤ 과거의 상태나 성질, 감정 말하기

⑥ 존재 여부와 존재 위치에 대해 말하기

⑦ 평소 행동에 대해 말하기

⑧ 과거의 행동, 경험 말하기

⑨ 상태의 변화 말하기

⑩ 동시 동작, 행동의 목적 말하기

⑪ 자신의 희망, 상대에게 바라는 것 말하기

⑫ 비교, 선택하는 표현 말하기

## 1. 일상생활 속 인사말 하기

| | | |
|---|---|---|
| 001 | おはようございます。 | (아침에 하는 인사) 안녕하세요? |
| 002 | こんにちは。 | (낮에 하는 인사) 안녕하세요? |
| 003 | こんばんは。 | (밤에 하는 인사) 안녕하세요? |
| 004 | ありがとうございます。 | 감사합니다. |
| 005 | すみません。 | 죄송합니다. |
| 006 | さようなら。 | 안녕히 가세요. |
| 007 | お先に失礼します。 | 먼저 실례하겠습니다. |
| 008 | いただきます。 | 잘 먹겠습니다. |
| 009 | ごちそうさまでした。 | 잘 먹었습니다. |
| 010 | お休みなさい。 | 안녕히 주무세요. |

## 2. 직업, 국적, 관계 말하기

| | | |
|---|---|---|
| 011 | 「Nです」=「~입니다」<br>イ・ジフです。 | 이지후입니다. |
| 012 | 「NはNです」=「~은/는 ~입니다」<br>わたしは 韓国人です。 | 나는 한국인입니다. |
| 013 | 「NはNですか」=「~은/는 ~입니까?」<br>イさんは 学生ですか。 | 이 씨는 학생입니까? |

014 「Nの Nです」＝「～의 ～입니다」(소속, 국적)

日本語学校の 学生です。

일본어 학교의 학생입니다.

015 「Nの Nです」＝「～의 ～입니다」(관계)

石田さんの 友だちです。

이시다 씨의 친구입니다.

016 「Nで、Nです」＝「～이고/이며 ～입니다」

韓国人で、大学生です。

한국인이고 대학생입니다.

017 「Nじゃ ありません」＝「～이/가 아닙니다」

会社員じゃ ありません。

회사원이 아닙니다.

---

## 3. 전화번호, 요일, 시간 말하기

---

018 1(いち) / 2(に) / 3(さん) / 4(よん) / 5(ご) / 6(ろく) / 7(なな) / 8(はち) / 9(きゅう) /
10(じゅう)

パスワードは いちにさんよんです。

비밀번호는 1234입니다.

019 「Nは 何番ですか」＝「～은/는 몇 번입니까?」

電話番号は 何番ですか。

전화번호는 몇 번입니까?

020 [전화번호] OOO-XXX-△△△ ＝ OOOの XXXの △△△

携帯の 電話番号は ぜろいちぜろの
にさんよんごの ろくななはちきゅうです。

휴대폰(의) 전화번호는 공일공 이삼사오
육칠팔구입니다.

021 「Nは 何時ですか」＝「～은/는 몇 시입니까?」

今は 何時ですか。

지금은 몇 시입니까?

022 「…時です」=「…시입니다」

1時(いちじ) / 2時(にじ) / 3時(さんじ) / 4時(よじ) / 5時(ごじ) /
6時(ろくじ) / 7時(しちじ) / 8時(はちじ) / 9時(くじ) /
10時(じゅうじ) / 11時(じゅういちじ) / 12時(じゅうにじ)

10時です。                                    10시입니다.

023 「… 分 です」=「…분입니다」

10分(じゅっぷん) / 20分(にじゅっぷん) / 30分(さんじゅっぷん) /
40分(よんじゅっぷん) / 50分(ごじゅっぷん) / 何分(なんぷん) = 몇 분

4時 30 分です。                               4시 30분입니다.

024 「Nは 何時から 何時までですか」=「~ 은/는 몇 시부터 몇 시까지입니까?」

郵便 局は 何時から 何時までですか。           우체국은 몇 시부터 몇 시까지입니까?

025 「~から …までです」=「~부터 …까지입니다」

9時から 6時までです。                         9시부터 6시까지입니다.

026 「Nは 何曜日ですか」=「~ 은/는 무슨 요일입니까?」

日本語の授業は 何曜日ですか。                 일본어 수업은 무슨 요일입니까?

027 月曜日(월요일) / 火曜日(화요일) / 水曜日(수요일) / 木曜日(목요일) /
金曜日(금요일) / 土曜日(토요일) / 日曜日(일요일)

日本語の 授業は 月曜日と 木曜日です。         일본어 수업은 월요일과 목요일입니다.

028   NA(어간)+だ = な형용사 / 「NAだ」 = 「~하다」 → 「NAです」 = 「~합니다」

スマホは 便利<sup>べんり</sup>です。                                    스마트폰은 편리합니다.

029   「NAだ」 → 「NAな N」 = 「~한 N」 / 「NAな 人」 = 「~한 사람」

キムさんは まじめな 人<sup>ひと</sup>です。                        김 씨는 성실한 사람입니다.

030   「NAだ」 → 「NAじゃ ありません」 = 「~하지 않습니다」

あの レストランは あまり 親切<sup>しんせつ</sup>じゃ ありません。   저 레스토랑은 별로 친절하지 않습니다.

031   「NAだ」 → 「NAで」 = 「~하고」

東京<sup>とうきょう</sup> スカイツリ は 有名<sup>ゆうめい</sup>で にぎやか です。       도쿄 스카이트리는 유명하고 번화합니다.

032   A(어간)+い = い형용사 / 「Aい」 → 「Aいです」 = 「~습니다」

今日<sup>きょう</sup>は 暑<sup>あつ</sup>いです。                              오늘은 덥습니다.

033   「Aい」 → 「Aい N」 = 「~한 N」 / 「Aい 人」 = 「~한 사람」

田中<sup>たなか</sup>さんは かっこいい 人<sup>ひと</sup>です。           다나카 씨는 멋있는 사람입니다.

034   「Aい」 → 「Aく ありません」 = 「~지 않습니다」

この キムチは 辛<sup>から</sup>く ありません。                  이 김치는 맵지 않습니다.

035   「Aい」 → 「Aくて」 = 「~하고」

マンゴは 甘<sup>あま</sup>くて おいしいです。                   망고는 달고 맛있습니다.

## 5. 과거의 상태나 성질, 감정 말하기

036 「Nでした」＝「~ 이었습니다」

昔、ここは 公園でした。 옛날, 이곳은 공원이었습니다.

037 「NAだ」→「NAでした」＝「~ 했습니다」

景色が とても きれいでした。 경치가 매우 예뻤습니다.

038 「Nじゃ ありませんでした」＝「~ 이/가 아니었습니다」

昨日は 休みじゃ ありませんでした。 어제는 휴일이 아니었습니다.

039 「NAじゃ ありませんでした」＝「~지 않았습니다」

昨日は 暇じゃ ありませんでした。 어제는 한가하지 않았습니다.

040 「Aかったです」＝「~었습니다」

日本旅行は とても 楽しかったです。 일본 여행은 매우 즐거웠습니다.

041 「Aく なかったです」＝「~지 않았습니다」

昨日は あまり 寒く なかったです。 어제는 별로 춥지 않았습니다.


## 6. 존재 여부와 존재 위치에 대해 말하기

042 「N(장소)に N(사물/식물)が あります」＝「~에 ~이/가 있습니다」

コンビニに おでんが あります。 편의점에 오뎅이 있습니다.

043 「N(장소)に N(사물/식물)は ありませんか」＝「~에 ~은/는 없습니까?」

この 辺に コンビニは ありませんか。 이 근처에 편의점은 없습니까?

**044** 「N(식물/사물)は N(장소)に あります」 = 「~ 은/는 ~ 에 있습니다」

コンビニは 駅の 中に あります。                   편의점은 역(의) 안에 있습니다.

**045** 「N(장소)に N(식물/사물)が あります」 = 「~ 에 ~ 이/가 있습니다」

あそこに バス停が あります。                      저기에 버스 정류장이 있습니다.

**046** 「N(식물/사물)は どこに ありますか」 = 「~ 은/는 어디에 있습니까?」

ワインは どこに ありますか。                      와인은 어디에 있습니까?

**047** 「N(식물/사물)は N(장소)に あります」 = 「~ 은/는 ~ 에 있습니다」

ワインは テーブルの 上に あります。               와인은 테이블(의) 위에 있습니다.

**048** 「N(사람/동물)が いますか」 = 「~ 이/가 있습니까?」

彼氏が いますか。                                 남자친구가 있습니까?

**049** 「N(사람/동물)は いません」 = 「~ 은/는 없습니다」

彼氏は いません。                                 남자친구는 없습니다.

**050** 「N(사람/동물)は どこに いますか」 = 「~ 은/는 어디에 있습니까?」

犬は どこに いますか。                            개는 어디에 있습니까?

**051** 「N(사람/동물)は N(장소)に います」 = 「~ 은/는 ~ 에 있습니다」

犬は 机の 下に います。                          개는 책상(의) 아래에 있습니다.

---

052  일본어 동사의 구분 = 활용 방식에 따라 1그룹 동사, 2그룹 동사, 3그룹 동사로 나뉨.

[3그룹 동사] = 딱 2개뿐 (する = 하다 / 来る = 오다)

日本語の勉強をする。　　　　　　　　일본어 공부를 하다.

---

053  [2그룹 동사] = 기본형이 'る'로 끝나면서 'る' 바로 앞 한 글자가 'い단(i모음)' 혹은 'え단(e모음)'

인 동사. (見(mi)る = 보다 / 食べ(be)る = 먹다)

テレビを見る。　　　　　　　　　　　TV를 보다.

---

054  [1그룹 동사] = 3그룹 동사와 2그룹 동사를 제외한 모든 동사. (예시) 話す = 이야기하다, あ(a)

る = 있다

友だちと話す。　　　　　　　　　　　친구와 이야기하다.

---

055  [예외 1그룹 동사] = 형태는 2그룹 동사인데, 활용되는 방식은 1그룹 동사의 활용 방식을 따르는 동

사. (예시) はし(si)る = 달리다 / かえ(e)る = 돌아가다, 돌아오다

家に帰る。　　　　　　　　　　　　　집에 돌아가다.

---

056  [동사+ます] = '합니다, ~할 것입니다'라는 뜻의 정중한 표현.

[3그룹 동사의 ます형] = する(하다) → します(합니다) , くる(오다) → きます(옵니다)

日本語の勉強をします。　　　　　　　일본어 공부를 합니다.

---

057  [2그룹 동사의 ます형] = 기본형에서 어미 'る'를 없앤 형태.

テレビを見ます。　　　　　　　　　　TV를 봅니다.

---

058  [1그룹 동사의 ます형] = 기본형에서 어미 'う단(u모음)'을 'い단(i모음)'으로 바꾼 형태.

友だちと話します。　　　　　　　　　친구와 이야기합니다.

---

059  「3그룹 동사의 ます형+ません」= 「~하지 않습니다/않을 것입니다」

二度と遅刻しません。　　　　　　　　다시는 지각하지 않을 것입니다.

060 「2ユ룹 동사의 ます형 + ません」= 「~ 하지 않습니다/않을 것입니다」

納豆は 食べません。　　　　　　　　낫토는 먹지 않습니다.

061 「1ユ룹 동사의 ます형 + ません」= 「~ 하지 않습니다/않을 것입니다」

お酒は ほとんど 飲みません。　　　　술은 거의 마시지 않습니다.

8. 과거의 행동, 경험 말하기

062 「3ユ룹 동사의 ます형 + ました」= 「~ 했습니다」

図書館で 勉強 を しました。　　　　도서관에서 공부를 했습니다.

063 「2ユ룹 동사의 ます형 + ました」= 「~ 했습니다」

昨日は 早く 寝ました。　　　　　　어제는 일찍 잤습니다.

064 「1ユ룹 동사의 ます형 + ました」= 「~ 했습니다」

新しい パソコンを 買いました。　　새 컴퓨터를 샀습니다.

065 「3ユ룹 동사의 ます형 + ませんでした」= 「~ 하지 않았습니다」

だれも 来ませんでした。　　　　　아무도 오지 않았습니다.

066 「2ユ룹 동사의 ます형 + ませんでした」= 「~ 하지 않았습니다」

何も 食べませんでした。　　　　　아무것도 먹지 않았습니다.

067 「1ユ룹 동사의 ます형 + ませんでした」= 「~ 하지 않았습니다」

デパートでは 何も 買いませんでした。　백화점에서는 아무것도 사지 않았습니다.

068 ~ます / ~ません / ~ました / ~ませんでした + か = 의문 표현

いつ 韓国へ 来ましたか。　　　　언제 한국에 왔습니까?

069 「Nに なる」=「~이/가 되다」「Nに なります」=「~이/가 될 거예요」

わたし　かしゅ
私は 歌手に なります。　　　　　　　　　나는 가수가 될 거예요.

070 1月(いちがつ) / 2月(にがつ) / 3月(さんがつ) / 4月(しがつ) /
5月(ごがつ) / 6月(ろくがつ) / 7月(しちがつ) / 8月(はちがつ) /
9月(くがつ) / 10月(じゅうがつ) / 11月(じゅういちがつ) /
12月(じゅうにがつ)

じゅうがつ
もう 10月に なりました。　　　　　　　벌써 10월이 되었습니다.

071 「NAだ」→「NAに なる/なりました」=「~해지다/해졌습니다」

にほんご　じょうず
日本語が 上手に なりました。　　　　　일본어가 능숙해졌습니다.　・

072 「Aい」→「Aく なる/なりました」=「~해지다/해졌습니다」

ねだん　やす
パソコンの 値段が 安く なりました。　　컴퓨터 가격이 싸졌습니다.

073 「NAだ」→「NAに する/します/しました」=「~하게 하다/합니다/했습니다」

へや
部屋を きれいに しました。　　　　　방을 깨끗하게(깨끗이) 했습니다.

074 「Aい」→「Aく する/しました」=「~하게 하다/했습니다」

へや　あか
部屋を 明るく しました。　　　　　방을 밝게 했습니다.

075 「V(ます형)+ながら」=「~하면서」
(단기간에 걸쳐 하는 동시 동작을 말할 때 사용)
ユーチューブを 見ながら ご飯を 食べます。　　유튜브를 보면서 밥을 먹습니다.

076 「V(ます형)+ながら」=「~하면서」
(장기간에 걸쳐 하는 동시 동작을 말할 때에도 사용)
バイトを しながら 勉強します。　　아르바이트를 하면서 공부합니다.

077 「N(동작성 명사)+に 行く(가다)」=「~하러 가다」
買い物に 行きます。　　쇼핑하러 갑니다.

078 「V(ます형)+に 行く(가다)」=「~하러 가다」
友だちを 迎えに 行きます。　　친구를 마중하러 갑니다.

079 「N(동작성 명사)+に 来る」=「~하러 오다」
デパートに 買い物に 来ました。　　백화점에 쇼핑하러 왔습니다.

080 「V(ます형)+に 来る」=「~하러 오다」
空港に 友だちを 迎えに 来ました。　　공항에 친구를 마중하러 왔습니다.

081 「V(기본형)+ために」=「~하기 위해」(행위의 목적 표현)
車を 買うために 貯金します。　　차를 사기 위해 저금합니다.

082 「Nの ために」=「~을/를 위해」
家族の ために 一生懸命に 働きます。　　가족을 위해 열심히 일합니다.

083 「Nを ください」=「~을/를 주세요」

(이 표현에서 'を'는 생략 가능)

すみません、メニュー(を) ください。 　　여기요, 메뉴(를) 주세요.

084 「N(を) お願いします」=「~(을/를) 부탁합니다」

(상점에서 상품 주문 시)

牛丼を 三つ お願いします。 　　소고기덮밥(을) 세 개 부탁합니다.

085 「N(を) お願いします」=「~(을/를) 부탁합니다」

(계산이나 주문, 도움 부탁 시)

お会計を お願いします。 　　계산(을) 부탁합니다.

086 「Nが ほしい」=「~을/를 갖고 싶다」

新しい スマホが ほしいです。 　　새로운 스마트폰을 갖고 싶습니다.

087 「Nは ほしくないです」=「~은/는 갖고 싶지 않습니다」

新しい スマホは ほしくないです。 　　새로운 스마트폰은 갖고 싶지 않습니다.

088 「V(ます형) + たい」=「~하고 싶다」

少し 休みたいです。 　　조금 쉬고 싶습니다.

089 「Nが V(ます형) + たい」=「~을/를 ~하고 싶다」

猫が 飼いたいです。 　　고양이를 키우고 싶습니다..

090 「N/V(ます형) + に 行きたいです」=「~하러 가고 싶습니다」

北海道に 旅行に 行きたいです。 　　홋카이도에 여행하러 가고 싶습니다.

091 「문장 + から、V(ます형) + たいです」=「~하니까, ~하고 싶습니다」

のどが 乾きましたから、何か 飲みたいです。 　　목이 마르니까, 무언가 마시고 싶습니다.

092 「NはV(ます형)＋たくないです」＝「～은/는 ～하고 싶지 않습니다」
　　もう カレーは 食べたくないです。　　　　　　　이제 카레는 먹고 싶지 않습니다.

12. 비교, 선택하는 표현 말하기

093 「Nの中で 何が 一番 NAですか」＝「～ 중에서 무엇이 제일 ～습니까?」
　　食べ物の 中で 何が 一番 好きですか。　　　　음식 중에서 무엇이 제일 좋습니까?

094 「Nが 一番 NAです」＝「～가 제일 ～습니다」
　　さしみが 一番 好きです。　　　　　　　　　　회가 제일 좋습니다.

095 「Nの 中で 何が 一番 Aいですか」＝「～ 중에서 무엇이 제일 ～습니까?」
　　日本の 食べ物の 中で 何が 一番 おいしいで　일본 음식 중에서 무엇이 제일 맛있습니
　　すか。　　　　　　　　　　　　　　　　　　까?

096 「Nが 一番 Aいです」＝「～가 제일 ～습니다」
　　私は お好み焼きが 一番 おいしいです。　　　나는 오코노미야키가 제일 맛있습니다.

097 「Nと Nと、どちらが NAですか」＝「～과 ～ 중에, 어느 쪽이 ～합니까?」
　　友だちと お金と、どちらが 大切ですか。　　친구와 돈 중에, 어느 쪽이 중요합니까?

098 「Nより Nの 方が NAです」＝「～보다 ～쪽이 ～합니다」
　　お金より 友だちの 方が 大切です。　　　　　돈보다 친구 쪽이 중요합니다.

099 「Nと Nと、どちらが Aいですか」＝「～과 ～ 중에 어느 쪽이 ～합니까?」
　　チーターと トラと どちらが 速いですか。　　치타와 호랑이 중 어느 쪽이 빠릅니까?

100 「Nより Nの 方が Aいです」＝「～보다 ～쪽이 ～합니다」
　　トラより チーターの 方が 速いです。　　　　호랑이보다 치타 쪽이 빠릅니다.

MEMO

# CHAPTER 01

## 정중한 의뢰, 지시 및 권유하기

<br>

質<sup>しつもん</sup>問して ください。

질문해 주세요.

① 동사에 'て'를 붙이면 '~고, ~서'라는 연결 표현이 됩니다. 이때 동사는 어미 활용을 하게 되는데, 이것을 'て형'이라고 합니다. 3그룹 동사의 'て형'은 'ます형'과 같습니다.

  • する (하다) → し +ます/て = します (합니다) / して (하고, 해서)
  • くる (오다) → き +ます/て = きます (옵니다) / きて (오고, 와서)

② 「V(て형)+て ください」= 「~해 주세요, ~하세요」 (의뢰, 부탁, 정중한 지시 표현)

  質<sup>しつもん</sup>問する (질문하다) → 質<sup>しつもん</sup>問して ください。= 질문해 주세요.

---

**MP3 듣고 따라 말하며 세 번씩 써보기**    🎧 mp3 001

① _____

② _____

③ _____

**응용해서 써본 후 MP3 듣고 따라 말하기**    🎧 mp3 002

① 매일 운동해 주세요. [매일 = 毎日<sup>まいにち</sup>, 운동하다 = 運動<sup>うんどう</sup>する]

  → _____

② 또 와 주세요. [또 = また]

  → _____

① 毎日<sup>まいにち</sup> 運動<sup>うんどう</sup>して ください。

② また 来<sup>き</sup>て ください。

ゆっくり 寝て ください。

푹 주무세요.

① 2그룹 동사의 'て형'은 기본형의 어미 'る'를 없앤 형태입니다. 3그룹 동사와 마찬가지로, 2그룹 동사의 'て형'은 'ます형'과 같습니다.

- 見る (보다) → 見~る~ + ます/て = 見ます (봅니다) / 見て (보고, 봐서)
- 寝る (자다) → 寝~る~ + ます/て = 寝ます (잡니다) / 寝て (자고, 자서)

② 「V(て형) + て ください」 = 「~ 해 주세요, ~ 하세요」

寝る (자다) → 寝て ください。 = 주무세요.

| MP3 듣고 따라 말하며 세 번씩 써보기 | 🎧 mp3 003 |
|---|---|

①

②

③

| 응용해서 써본 후 MP3 듣고 따라 말하기 | 🎧 mp3 004 |
|---|---|

① 이쪽을 봐 주세요. [이쪽 = こちら]

→

② 불을 켜 주세요. [불 = 電気, 켜다 = つける]

→

---

① こちらを 見て ください。

② 電気を つけて ください。

---

ペンを 貸<sup>か</sup>して ください。

펜을 빌려주세요.

① 1그룹 동사의 'て형'은 기본형의 마지막 음절에 따라 활용형이 4가지로 나뉘며, 그 중 '[1] す로 끝나는 동사'는 마지막 음절 'す'를 'し'로 바꾸고 'て'를 붙입니다. ('ます형'과 'て형'이 같음)

貸<sup>か</sup>す(su) (빌려주다) → 貸し(si) + ます/て = 貸<sup>か</sup>します (빌려줍니다)

貸<sup>か</sup>して (빌리고, 빌려서)

② 「V(て형) + て ください」 = 「~해 주세요, ~하세요」

貸<sup>か</sup>す (빌려주다) → 貸して ください。= 빌려주세요.

| MP3 듣고 따라 말하며 세 번씩 써보기 | 🎧 mp3 005 |
|---|---|
| ① | |
| ② | |
| ③ | |

| 응용해서 써본 후 MP3 듣고 따라 말하기 | 🎧 mp3 006 |
|---|---|

① 일본어로 이야기해 주세요. [(으)로 = で, 이야기하다 = 話<sup>はな</sup>す]

→

② 불을 꺼 주세요. [끄다 = 消<sup>け</sup>す]

→

① 日本語<sup>にほんご</sup>で 話<sup>はな</sup>して ください。

② 電気<sup>でんき</sup>を 消<sup>け</sup>して ください。

ちょっと 待<sup>ま</sup>って ください。

잠깐 기다려 주세요.

① 1그룹 동사 중 '[2] う, つ, る로 끝나는 동사'는 'う, つ, る'를 'っ'로 바꾸고 'て'를 붙입니다.

   • 手伝<sup>て つだ</sup>う (도와주다) → 手伝<sup>て つだ</sup>っ + て = 手伝<sup>て つだ</sup>って (도와주고, 도와줘서)

   • 待<sup>ま</sup>つ (기다리다) → 待<sup>ま</sup>っ + て = 待<sup>ま</sup>って (기다리고, 기다려서)

   • 乗<sup>の</sup>る (타다) → 乗<sup>の</sup>っ + て = 乗<sup>の</sup>って (타고, 타서)

② 「V(て형) + て ください」 = 「~ 해 주세요, ~ 하세요」

   待<sup>ま</sup>つ (기다리다) → 待<sup>ま</sup>って ください。= 기다려 주세요.

| MP3 듣고 따라 말하며 세 번씩 써보기 | 🎧 mp3 007 |
|---|---|

① 

② 

③ 

| 응용해서 써본 후 MP3 듣고 따라 말하기 | 🎧 mp3 008 |
|---|---|

① 좀 도와주세요. [좀, 잠깐 = ちょっと, 도와주다 = 手伝<sup>て つだ</sup>う]

   →

② 이 버스를 타 주세요. [이 버스 = この バス, 에(+타다) = に, 타다 = 乗<sup>の</sup>る]

   →

① ちょっと 手伝<sup>て つだ</sup>って ください。

② この バスに 乗<sup>の</sup>って ください。

ここに お名前を 書いて ください。

여기에 성함을 써 주세요.

① 1그룹 동사 중 '[3] く, ぐ로 끝나는 동사'는 'く → い+て, ぐ → い+で'와 같이 바꿉니다.

- 書く (쓰다) → 書い + て = 書いて (쓰고, 써서)
- 急ぐ (서두르다) → 急い + で = 急いで (서두르고, 서둘러서)

② 「V(て형) + て ください」= 「~ 해 주세요, ~ 하세요」

書く (쓰다) → 書いて ください。= 써 주세요.

※ 단, '行く(가다)'의 경우에는 '行っ+て = 行って'로 활용합니다. (예외)

---

**MP3 듣고 따라 말하며 세 번씩 써보기**　　　　　　　　　　　🎧 mp3 009

① 

② 

③ 

**응용해서 써본 후 MP3 듣고 따라 말하기**　　　　　　　　　　　🎧 mp3 010

① 조금 서둘러 주세요. [조금, 잠깐 = ちょっと, 서두르다 = 急ぐ]

　　→

② 천천히 걸어 주세요. [천천히 = ゆっくり, 걷다 = 歩く]

　　→

---

① ちょっと 急いで ください。

② ゆっくり 歩いて ください。

**DAY 006** ___월 ___일

---

# また 一緒に 遊んで ください。

## 또 함께 놀아 주세요.

---

① 1그룹 동사 중 '[4] ぬ, ぶ, む로 끝나는 동사'는 'ぬ, ぶ, む → ん+で'와 같이 바뀝니다.

- 死ぬ (죽다) → 死ん + で = 死んで (죽고, 죽어서)
- 遊ぶ (놀다) → 遊ん + で = 遊んで (놀고, 놀아서)
- 読む (읽다) → 読ん + で = 読んで (읽고, 읽어서)

② 「V(て형)＋て ください」 = 「~해 주세요, ~하세요」

遊ぶ (놀다) → 遊んで ください。 = 놀아 주세요.

---

MP3 듣고 따라 말하며 세 번씩 써보기      🎧 mp3 011

①

②

③

응용해서 써본 후 MP3 듣고 따라 말하기      🎧 mp3 012

① 매뉴얼을 읽어 주세요. [매뉴얼 = マニュアル, 읽다 = 読む]

   →

② 택시를 불러 주세요. [택시 = タクシー, 부르다 = 呼ぶ]

   →

---

① マニュアルを 読んで ください。

② タクシーを 呼んでください。

ペンを 貸<sup>か</sup>して ください ませんか。

펜을 빌려주지 않겠습니까?

① 동사의 'て형'에 'て くださいませんか'를 붙이면 '~해 주지 않겠습니까'라는 뜻의 '정중한 의뢰, 부탁'의 표현이 됩니다. 이 표현은 앞서 배운 'て ください(~해 주세요, ~하세요)'보다 정중도가 높은 표현입니다.

② 「V(て형)+ て くださいませんか」 = 「~해 주지 않겠습니까?」

貸<sup>か</sup>す (빌려주다) → 貸<sup>か</sup>して くださいませんか。 = 빌려주지 않겠습니까?


| MP3 듣고 따라 말하며 세 번씩 써보기 | 🎧 mp3 013 |
|---|---|

① 

② 

③ 

| 응용해서 써본 후 MP3 듣고 따라 말하기 | 🎧 mp3 014 |
|---|---|

① 불을 켜 주시지 않겠습니까? [불 = 電気<sup>でんき</sup>, 켜다 = つける]

　　→

② 좀 도와주시지 않겠습니까? [좀, 잠깐 = ちょっと, 도와주다 = 手伝<sup>てつだ</sup>う]

　　→

① 電気<sup>でんき</sup>を つけて くださいませんか。

② ちょっと 手伝<sup>てつだ</sup>って くださいませんか。

<ruby>花<rt>はな</rt></ruby><ruby>火<rt>び</rt></ruby>を <ruby>見<rt>み</rt></ruby>に <ruby>行<rt>い</rt></ruby>きましょう。

불꽃놀이 보러 갑시다.

① 동사의 'ます형'에 'ましょう'를 붙이면 '~합시다'라는 뜻의 '적극적 권유, 요구'의 표현이 됩니다.

② 「V(ます형) + ましょう」 = 「~합시다」

<ruby>行<rt>い</rt></ruby>く (가다) → <ruby>行<rt>い</rt></ruby>きましょう。 = 갑시다.

| **MP3 듣고 따라 말하며 세 번씩 써보기** | 🎧 mp3 015 |
|---|---|
| ① | |
| ② | |
| ③ | |

| **응용해서 써본 후 MP3 듣고 따라 말하기** | 🎧 mp3 016 |
|---|---|

① 슬슬 나갑시다. [슬슬 = そろそろ, 나가다, 외출하다 = <ruby>出<rt>で</rt></ruby>かける]

→

② 잠깐 쉽시다. [쉬다 = <ruby>休<rt>やす</rt></ruby>む]

→

① そろそろ <ruby>出<rt>で</rt></ruby>かけましょう。

② ちょっと <ruby>休<rt>やす</rt></ruby>みましょう。

**DAY 009** ___월 ___일

<br>

## <ruby>花火<rt>はなび</rt></ruby>を <ruby>見<rt>み</rt></ruby>に <ruby>行<rt>い</rt></ruby>きましょうか。

### 불꽃놀이 보러 갈까요?

① 동사의 'ます형'에 'ましょうか'를 붙이면 '~할까요?'라는 뜻을 가진 '함께 무언가를 할 것을 권유하는 표현'이 됩니다. 상대방의 의향을 묻는 형태로서 앞서 배운 '~ましょう'보다는 완곡한 표현입니다.

② 「V(ます형)+ましょうか」 = 「~할까요?」

<ruby>行<rt>い</rt></ruby>く (가다) → <ruby>行<rt>い</rt></ruby>きましょうか。 = 갈까요?

| MP3 듣고 따라 말하며 세 번씩 써보기 | 🎧 mp3 017 |
|---|---|
| ① | |
| ② | |
| ③ | |

| 응용해서 써본 후 MP3 듣고 따라 말하기 | 🎧 mp3 018 |
|---|---|

① 슬슬 나갈까요?

→

② 잠깐 쉴까요?

→

① そろそろ <ruby>出<rt>で</rt></ruby>かけましょうか。

② ちょっと <ruby>休<rt>やす</rt></ruby>みましょうか。

はな び　　み　　い
## 花火を 見に 行きませんか。

## 불꽃놀이 보러 가지 않겠습니까?

① 동사의 'ます형'에 'ませんか'를 붙이면 '~하지 않겠습니까?'라는 뜻의 '권유 표현'이 됩니다. 앞서 배운 'ましょうか'보다 상대방의 기분을 좀 더 배려하는 표현입니다. 참고로 '~ませんか'에 대한 답으로는 '~ましょう'가 사용될 수 있습니다.

② 「V(ます형) + ませんか」 = 「~하지 않겠습니까?」

い　　　　　　　　　い
行く (가다) → 行きませんか。= 가지 않겠습니까?

い
(위 질문에 대한 답: はい、行きましょう。= 예, 갑시다.)

| MP3 듣고 따라 말하며 세 번씩 써보기 | 🎧 mp3 019 |
|---|---|

①

②

③

| 응용해서 써본 후 MP3 듣고 따라 말하기 | 🎧 mp3 020 |
|---|---|

① 슬슬 나가지 않겠습니까?

→

② 잠깐 쉬지 않겠습니까?

→

> ⓒ
> ① そろそろ 出かけませんか。
> やす
> ② ちょっと 休みませんか。

## 01. 앞서 배운 문형을 복습해 봅시다.

□ 동사의 て형 활용 규칙

| 1그룹 동사 | |
| --- | --- |
| ~う / ~つ / ~る → ~っ+て | 買う → 買っ+て<br>待つ → 待っ+て<br>乗る → 乗っ+て |
| ~く / ~ぐ → ~い+て/で | 書く → 書い+て<br>急ぐ → 急い+で |
| ~ぬ / ~ぶ / ~む → ~ん+で | 死ぬ → 死ん+で<br>遊ぶ → 遊ん+で<br>読む → 読ん+で |
| ~す → ~し+て | 貸す → 貸し+て<br>話す → 話し+て |

| 2그룹 동사 | |
| --- | --- |
| ~る → ~る̸+て | 見る → 見+て<br>寝る → 寝+て |

| 3그룹 동사 | |
| --- | --- |
| する → し+て<br>くる → き+て | 運動する → 運動し+て<br>来る → 来+て |

아래에 주어진 동사들을 て형으로 바꾸는 연습을 해보세요.　　　　　　(정답 p.044)

| 1그룹 동사 | | 2그룹 동사 | |
|---|---|---|---|
| (예) 会う (만나다) | 会って | (예) 見る (보다) | 見て |
| 手伝う (돕다) | | 寝る (자다) | |
| 待つ (기다리다) | | 食べる (먹다) | |
| 乗る (타다) | | つける (켜다) | |
| 歩く (걷다) | | 起きる (일어나다) | |
| 書く (쓰다) | | 迎える (맞이하다) | |
| 急ぐ (서두르다) | | 教える (가르치다) | |
| 死ぬ (죽다) | | **3그룹 동사** | |
| 遊ぶ (놀다) | | する (하다) | |
| 読む (읽다) | | くる (오다) | |
| 貸す (빌려주다) | | 勉強する (공부하다) | |
| 話す (이야기하다) | | 運動する (운동하다) | |

(정답) 1그룹 동사 て형

| 手伝って | 待って | 乗って | 歩いて | 書いて | 急いで |

<ruby>手伝<rt>てつだ</rt></ruby>って　<ruby>待<rt>ま</rt></ruby>って　<ruby>乗<rt>の</rt></ruby>って　<ruby>歩<rt>ある</rt></ruby>いて　<ruby>書<rt>か</rt></ruby>いて　<ruby>急<rt>いそ</rt></ruby>いで

<ruby>死<rt>し</rt></ruby>んで　<ruby>遊<rt>あそ</rt></ruby>んで　<ruby>読<rt>よ</rt></ruby>んで　<ruby>貸<rt>か</rt></ruby>して　<ruby>話<rt>はな</rt></ruby>して

(정답) 2그룹 동사 て형

<ruby>寝<rt>ね</rt></ruby>て　<ruby>食<rt>た</rt></ruby>べて　つけて　<ruby>起<rt>お</rt></ruby>きて　<ruby>迎<rt>むか</rt></ruby>えて　<ruby>教<rt>おし</rt></ruby>えて

(정답) 3그룹 동사 て형

して　きて　<ruby>勉強<rt>べんきょう</rt></ruby>して　<ruby>運動<rt>うんどう</rt></ruby>して

□ 의뢰, 권유 표현

| | 문형 | 예문 |
|---|---|---|
| V(て형) + | てください<br>(~해 주세요, ~하세요) | <ruby>電気<rt>でんき</rt></ruby>を つけて ください。<br>(불을 켜 주세요.) |
| | てくださいませんか<br>(~해 주시지 않을래요?) | <ruby>電気<rt>でんき</rt></ruby>を つけて くださいませんか。<br>(불을 켜 주지 않겠습니까?) |
| V(ます형) + | ましょう<br>(~합시다) | <ruby>休<rt>やす</rt></ruby>みましょう。<br>(쉽시다.) |
| | ましょうか<br>(~할까요?) | <ruby>休<rt>やす</rt></ruby>みましょうか。<br>(쉴까요?) |
| | ませんか<br>(~하지 않을래요?) | <ruby>休<rt>やす</rt></ruby>みませんか。<br>(쉬지 않을래요?) |

02. 앞서 배운 문장을 일본어로 쓸 수 있는지 테스트를 통해 확인해 보세요. (정답 p.044)

① 질문해 주세요.

→

② 푹 주무세요.

→

③ 펜을 빌려주세요.

→

④ 잠깐 기다려 주세요.

→

⑤ 여기에 성함을 써 주세요.

→

⑥ 또 함께 놀아 주세요.

→

⑦ 펜을 빌려주지 않겠습니까?

→

⑧ 불꽃놀이 보러 갑시다.

→

⑨ 불꽃놀이 보러 갈까요?

→

⑩ 불꽃놀이 보러 가지 않겠습니까?

→

① 質問して ください。

② ゆっくり 寝て ください。

③ ペンを 貸して ください。

④ ちょっと 待って ください。

⑤ ここに お名前を 書いて ください。

⑥ また 一緒に 遊んで ください。

⑦ ペンを 貸して くださいませんか 。

⑧ 花火を 見に 行きましょう。

⑨ 花火を 見に 行きましょうか。

⑩ 花火を 見に 行きませんか。

| MEMO 틀린 문장이 있을 경우 아래에 몇 번씩 반복해서 써보세요. |
|---|
| |
| |
| |
| |
| |
| |
| |
| |

# CHAPTER 02

## 순차적인 동작
## 말하기

# スーパーで 買<sub>か</sub>い 物<sub>もの</sub>を して、帰<sub>かえ</sub>ります。

## 슈퍼마켓에서 쇼핑을 하고, 돌아갑니다.

① 동사의 'て형'에 'て'를 붙이면 '~고, ~서'라는 연결 표현이 되며, 이는 '순차적인 동작, 동시 동작, 원인·이유, 동작의 나열' 등의 의미를 나타냅니다.

「V(て형) + て、V(ます형) + ます」 = 「~고/~서, ~합니다」

買<sub>か</sub>い 物<sub>もの</sub>を (する →) して、帰<sub>かえ</sub>ります。 = 쇼핑을 하고, 돌아갑니다.

② スーパー = 슈퍼(마켓), 帰<sub>かえ</sub>る = 돌아가다, 돌아오다 (예외 1그룹 동사)

| MP3 듣고 따라 말하며 세 번씩 써보기 | ∩ mp3 021 |
|---|---|

①

②

③

| 응용해서 써본 후 MP3 듣고 따라 말하기 | ∩ mp3 022 |
|---|---|

① 공부를 하고 잡니다. [공부 = 勉強<sub>べんきょう</sub>, 자다 = 寝<sub>ね</sub>る]

　　→

② 학교에 와서 공부를 합니다. [학교 = 学校<sub>がっこう</sub>]

　　→

---

① 勉強<sub>べんきょう</sub>をして、寝<sub>ね</sub>ます。

② 学校<sub>がっこう</sub>に 来<sub>き</sub>て、勉強<sub>べんきょう</sub>を します。

---

お湯を 入れて、5分 待ちます。

뜨거운 물을 넣고, 5분 기다립니다.

① 「V(て형) + て、V(ます형) + ます」 = 「~ 고/~ 서, ~ 합니다」

　　お湯を (入れる → )入れて、5分 待ちます。 = 뜨거운 물을 넣고, 5분 기다립니다.

② お湯 = 뜨거운 물, 入れる = 넣다 (2그룹 동사)

---

| MP3 듣고 따라 말하며 세 번씩 써보기 | mp3 023 |
|---|---|

①

②

③

| 응용해서 써본 후 MP3 듣고 따라 말하기 | mp3 024 |
|---|---|

① 아침밥을 먹고, 회사에 갑니다. [아침밥 = 朝ごはん, 회사 = 会社, 가다 = 行く]

　　→

② TV를 보고, 잡니다. [TV = テレビ, 보다 = 見る, 자다 = 寝る]

　　→

---

① 朝ごはんを 食べて、会社に 行きます。

② テレビを 見て、寝ます。

親と 話して、決めます。

부모님과 이야기해서, 결정합니다.

① 「V(て형) + て、V(ます형) + ます」 = 「~ 고/~ 서, ~ 합니다」

親と (話す →)話して、決めます。 = 부모님과 이야기해서, 결정합니다.

② 親 = 부모, 決める = 결정하다 (2그룹 동사)

| MP3 듣고 따라 말하며 세 번씩 써보기 | ∩ mp3 025 |
|---|---|

①

②

③

| 응용해서 써본 후 MP3 듣고 따라 말하기 | ∩ mp3 026 |
|---|---|

① 불을 끄고, 잡니다. [불 = 電気, 끄다 = 消す]

→

② 다운로드 버튼을 누르고, 저장합니다. [다운로드 = ダウンロード, 버튼 = ボタン, 누르다 = 押す,

저장 = 保存] →

① 電気を 消して、寝ます。

② ダウンロードボタンを 押して、保存します。

とも　　あ　　　　　　えいが　　み
友だちに 会って、映画を 見ます。

친구를 만나서, 영화를 봅니다.

① 「V(て형) + て、V(ます형) + ます」= 「~고/~서, ~합니다」

　　とも　　　あ　　　あ　　　えいが　　み
　　友だちに (会う →)会って、映画を 見ます。= 친구를 만나서, 영화를 봅니다.

　えいが　　　　　あ
② 映画 = 영화, 会う = 만나다 (1그룹 동사, '~을/를 만나다'라고 할 때엔 조사 'に(한국어로 '~을/

　　를'로 번역)'을 사용하여 '~に 会う'이라고 함)

　とも　　　あ
　友だちに 会う。= 친구를 만나다.

| MP3 듣고 따라 말하며 세 번씩 써보기 | ⌒ mp3 027 |
|---|---|

① 

② 

③ 

| 응용해서 써본 후 MP3 듣고 따라 말하기 | ⌒ mp3 028 |
|---|---|

① 5분 기다리고, 먹습니다.

　　→

② 집에 돌아와서, 샤워를 합니다. [샤워를 하다 = シャワーを 浴びる]

　　→

ごふん　ま　　　　た
① 5分 待って、食べます。

いえ　　かえ　　　　　　　　　　　あ
② 家に 帰って、シャワーを 浴びます。

よく 聞<sup>き</sup>いて、答<sup>こた</sup>えて ください。

잘 듣고, 대답하세요.

① 「V(て형)+て、V(て형)+て ください」 = 「~고/~서, ~해 주세요/~하세요」

　よく (聞<sup>き</sup>く →)聞<sup>き</sup>いて、(答<sup>こた</sup>える →)答<sup>こた</sup>えて ください。 = 잘 듣고, 대답하세요.

② よく = '잘, 충분히'라는 뜻의 부사, 答<sup>こた</sup>える = 대답하다 (2그룹 동사)

---

**MP3 듣고 따라 말하며 세 번씩 써보기**　　　🎧 mp3 029

① 

② 

③ 

**응용해서 써본 후 MP3 듣고 따라 말하기**　　　🎧 mp3 030

① 여기에 이름을 쓰고, 기다려 주세요. [이름 = 名前<sup>なまえ</sup>, 쓰다 = 書<sup>か</sup>く, 기다리다 = 待<sup>ま</sup>つ]

　→

② 구두를 벗고, 들어와 주세요. [구두 = 靴<sup>くつ</sup>, 벗다 = 脱<sup>ぬ</sup>ぐ, 들어오다 = 入<sup>はい</sup>る(예외 1그룹)]

　→

① ここに 名前<sup>なまえ</sup>を 書<sup>か</sup>いて、待<sup>ま</sup>って ください。

② くつを 脱<sup>ぬ</sup>いで、入<sup>はい</sup>って ください。

この 本を 読んで、感想文を 書いて ください。

이 책을 읽고, 감상문을 쓰세요.

① 「V(て형) + て、V(て형) + て ください」= 「~ 고/~ 서, ~ 해 주세요/~ 하세요」

本を (読む →)読んで、感想文を (書く →)書いて ください。

= 책을 읽고, 감상문을 쓰세요.

② 本 = 책, 感想文 = 감상문

---

| MP3 듣고 따라 말하며 세 번씩 써보기 | 🎧 mp3 031 |
|---|---|

① 

② 

③ 

| 응용해서 써본 후 MP3 듣고 따라 말하기 | 🎧 mp3 032 |
|---|---|

① 이 약을 먹고, 쉬세요. [약 = 薬, (약을) 먹다, 마시다 = 飲む, 쉬다 = 休む]

   →

② 잘 씹어서, 먹으세요. [씹다 = 噛む]

   →

① この 薬を 飲んで、休んで ください。

② よく 噛んで、食べて ください。

<ruby>家<rt>いえ</rt></ruby>に <ruby>帰<rt>かえ</rt></ruby>って、<ruby>晩<rt>ばん</rt></ruby>ごはんを <ruby>食<rt>た</rt></ruby>べて、<ruby>寝<rt>ね</rt></ruby>ます。

집에 돌아와서, 저녁밥을 먹고, 잡니다.

① 「V(て형) + て、 V(て형) + て、 V(ます형) + ます」=「~ 고/~ 서, ~ 고/~ 서, ~ 합니다」

<ruby>家<rt>いえ</rt></ruby>に (<ruby>帰<rt>かえ</rt></ruby>る →)<ruby>帰<rt>かえ</rt></ruby>って、<ruby>晩<rt>ばん</rt></ruby>ごはんを (<ruby>食<rt>た</rt></ruby>べる →)<ruby>食<rt>た</rt></ruby>べて、<ruby>寝<rt>ね</rt></ruby>ます。

= 집에 돌아와서, 저녁밥을 먹고, 잡니다.

② <ruby>晩<rt>ばん</rt></ruby>ごはん = 저녁밥

---

**MP3 듣고 따라 말하며 세 번씩 써보기**　　　　　　　　🎧 mp3 033

①

②

③

---

**응용해서 써본 후 MP3 듣고 따라 말하기**　　　　　　　　🎧 mp3 034

① 7시에 일어나서, 샤워를 하고, 학교에 갑니다. [일어나다 = <ruby>起<rt>お</rt></ruby>きる]

　　→

② 영화를 보고, 식사를 하고, 집에 돌아옵니다. [식사 = <ruby>食事<rt>しょくじ</rt></ruby>]

　　→

---

① <ruby>7時<rt>しちじ</rt></ruby>に <ruby>起<rt>お</rt></ruby>きて、シャワーを <ruby>浴<rt>あ</rt></ruby>びて、<ruby>学校<rt>がっこう</rt></ruby>に <ruby>行<rt>い</rt></ruby>きます。

② <ruby>映画<rt>えいが</rt></ruby>を <ruby>見<rt>み</rt></ruby>て、<ruby>食事<rt>しょくじ</rt></ruby>を して、<ruby>家<rt>いえ</rt></ruby>に <ruby>帰<rt>かえ</rt></ruby>ります。

01. 앞서 배운 문형을 복습해 봅시다.

□ 동사 그룹별 て형과 ます형

## 1그룹 동사

~う / ~つ / ~る
→ ~っ+て

買<sup>か</sup>う → 買<sup>か</sup>っ+て / 買<sup>か</sup>い+ます
待<sup>ま</sup>つ → 待<sup>ま</sup>っ+て / 待<sup>ま</sup>ち+ます
乗<sup>の</sup>る → 乗<sup>の</sup>っ+て / 乗<sup>の</sup>り+ます

음편형
(발음 편의상 단어 한 부분의 음이 변화된 형태)

~く / ~ぐ
→ ~い+て/で

書<sup>か</sup>く → 書<sup>か</sup>い+て / 書<sup>か</sup>き+ます
急<sup>いそ</sup>ぐ → 急<sup>いそ</sup>い+で / 急<sup>いそ</sup>ぎ+ます

~ぬ / ~ぶ / ~む
→ ~ん+で

死<sup>し</sup>ぬ → 死<sup>し</sup>ん+で / 死<sup>し</sup>に+ます
遊<sup>あそ</sup>ぶ → 遊<sup>あそ</sup>ん+で / 遊<sup>あそ</sup>び+ます
読<sup>よ</sup>む → 読<sup>よ</sup>ん+で / 読<sup>よ</sup>み+ます

~す → ~し+て

貸<sup>か</sup>す → 貸<sup>か</sup>し+て / 貸<sup>か</sup>し+ます
話<sup>はな</sup>す → 話<sup>はな</sup>し+て / 話<sup>はな</sup>し+ます

## 2그룹 동사

て형
= ます형

~る → ~る+て

見<sup>み</sup>る → 見<sup>み</sup>+て / 見<sup>み</sup>+ます
寝<sup>ね</sup>る → 寝<sup>ね</sup>+て / 寝<sup>ね</sup>+ます

## 3그룹 동사

する → し+て
くる → き+て

運動<sup>うんどう</sup>する → 運動<sup>うんどう</sup>し+て / 運動<sup>うんどう</sup>し+ます
来<sup>く</sup>る → 来<sup>き</sup>+て / 来<sup>き</sup>+ます

02. 앞서 배운 문장을 일본어로 쓸 수 있는지 테스트를 통해 확인해 보세요. (정답 p.057)

① 슈퍼(마켓)에서 쇼핑을 하고 돌아갑니다.

→

② 학교에 와서 공부를 합니다.

→

③ 뜨거운 물을 넣고 5분 기다립니다.

→

④ 아침밥을 먹고 회사에 갑니다.

→

⑤ 부모님과 이야기해서 결정합니다.

→

⑥ 불을 끄고 잡니다.

→

⑦ 친구를 만나서 영화를 봅니다.

→

⑧ 잘 듣고 대답하세요.

→

⑨ 이 책을 읽고 감상문을 쓰세요.

→

⑩ 집에 돌아가서 저녁밥을 먹고 잡니다.

→

① スーパーで 買い物を して、帰ります。

② 学校に 来て、勉強を します。

③ お湯を 入れて、5分 待ちます。

④ 朝ごはんを 食べて、会社に 行きます。

⑤ 親と 話して、決めます。

⑥ 電気を 消して、寝ます。

⑦ 友だちに 会って、映画を 見ます。

⑧ よく 聞いて、答えて ください。

⑨ この 本を 読んで、感想文を 書いて ください。

⑩ 家に 帰って、晩ごはんを 食べて、寝ます。

MEMO 틀린 문장이 있을 경우 아래에 몇 번씩 반복해서 써보세요.

# CHAPTER 03

## 동작의 부정, 금지 표현 말하기

## めったに 料理は しない。
りょう り

## 좀처럼 요리는 하지 않는다.

① 동사에 'ない'를 붙이면 '~지 않다, ~지 않을 것이다'라는 부정 표현이 됩니다. 이때 동사는 어미 활용을 하게 되는데, 이것을 'ない형'이라고 합니다.

[3그룹 동사의 ない형] 별도의 활용 규칙이 없기 때문에, 그냥 암기해야 합니다.

· する (하다) → し +ない = しない (하지 않다)

· くる (오다) → こ +ない = こない (오지 않다)

② めったに = '좀처럼, 거의'라는 뜻의 부사

| MP3 듣고 따라 말하며 세 번씩 써보기 | 🎧 mp3 035 |
|---|---|

①

②

③

| 응용해서 써본 후 MP3 듣고 따라 말하기 | 🎧 mp3 036 |
|---|---|

① 좀처럼 운동은 하지 않는다. [운동 = 運動]
うんどう

→

② 이제 두 번 다시 오지 않을 것이다. [이제, 이미, 벌써 = もう, 두 번 다시 = 二度と]
に ど

→

① めったに 運動は しない。
うんどう

② もう 二度と 来ない。
に ど  こ

## ドラマは ほとんど 見ない。

### 드라마는 거의 보지 않는다.

① [2그룹 동사의 ない형] 기본형의 어미 'る'를 없앤 형태입니다.

- 見る (보다) → 見‎/ + ない = 見ない (보지 않다)
- 食べる (먹다) → 食べ‎/ + ない = 食べない (먹지 않다)

② ドラマ = 드라마

| MP3 듣고 따라 말하며 세 번씩 써보기 | 🎧 mp3 037 |
|---|---|

①

②

③

| 응용해서 써본 후 MP3 듣고 따라 말하기 | 🎧 mp3 038 |
|---|---|

① 아침밥은 거의 먹지 않는다. [아침밥 = 朝ごはん, 거의 = ほとんど]

→

② 정장은 거의 입지 않는다. [정장, 슈트 = スーツ, 입다 = 着る]

→

① 朝ごはんは ほとんど 食べない。

② スーツは ほとんど 着ない。

# 無駄な 物は 買わない。

## 쓸데없는 물건은 사지 않는다.

① [1그룹 동사의 ない형] 기본형의 어미 'う단(u모음)'을 'あ단(a모음)'으로 바꾼 형태입니다. (단, 'う'
로 끝나는 동사는 'わ'로 바뀌며('あ' X) 'ある(있다)'의 부정형은 'あらない'가 아닌 'ない(없다)')

買う(u) (사다)　　→ 買わ(wa) + ない = 買わない (사지 않다)

行く(ku) (가다)　 → 行か(ka) + ない = 行かない (가지 않다)

飲む(mu) (마시다) → 飲ま(ma) + ない = 飲まない (마시지 않다)

② 無駄だ = '쓸데없다, 헛되다'라는 뜻의 な형용사

---

**MP3 듣고 따라 말하며 세 번씩 써보기**　　　　　　　　　　🎧 mp3 039

① 

② 

③ 

**응용해서 써본 후 MP3 듣고 따라 말하기**　　　　　　　　　🎧 mp3 040

① 오늘은 학교에 가지 않을 것이다. [오늘 = 今日, 학교 = 学校]

　　→

② 술은 좀처럼 마시지 않는다. [술 = お酒, 마시다 = 飲む]

　　→

---

① 今日は 学校に 行かない。

② お酒は めったに 飲まない。

<u>勉</u><u>強</u>を しないで、テストを <u>受</u>けます。
べんきょう　　　　　　　　　　　　う

공부를 하지 않고 시험을 봅니다.

① 동사의 'ない형'에 'ないで'를 붙이면 '~지 않고, ~지 않은 채로'라는 뜻의 부정의 연결 표현이 됩니다. 「V(ない형)+ないで、V(ます형)+ます」= 「~지 않고/~지 않은 채 ~합니다」

　(3그룹 동사를 활용했을 시)

　する (하다) → しないで、テストを <u>受</u>けます。= 하지 않고 시험을 봅니다.
　　　　　　　　　　　　　　　　　　う

② <u>受</u>ける = 응하다, 받다 (2그룹 동사)
　う

---

**MP3 듣고 따라 말하며 세 번씩 써보기**　　　　　　　　🎧 mp3 041

① 

② 

③ 

**응용해서 써본 후 MP3 듣고 따라 말하기**　　　　　　　🎧 mp3 042

① 숙제를 하지 않고 놉니다. [숙제 = <u>宿</u><u>題</u>]
　　　　　　　　　　　　　しゅくだい

　→

② 회사에 오지 않고 자택에서 일을 합니다. [회사 = <u>会</u><u>社</u>, 자택 = <u>自</u><u>宅</u>, 일 = <u>仕</u><u>事</u>]
　　　　　　　　　　　　　　　　　かいしゃ　　　　　じたく　　　　しごと

　→

---

① <u>宿</u><u>題</u>を しないで、<u>遊</u>びます。
　しゅくだい　　　　　　　　あそ

② <u>会</u><u>社</u>に <u>来</u>ないで、<u>自</u><u>宅</u>で <u>仕</u><u>事</u>を します。
　かいしゃ　　こ　　　　　じたく　　しごと

コーヒーに 砂糖(さとう)を 入(い)れないで、飲(の)みます。

커피에 설탕을 넣지 않고 마십니다.

① 「V(ない형) + ないで、V(ます형) + ます」 = 「~지 않고/~지 않은 채 ~합니다」

(2그룹 동사를 활용했을 시)

入(い)れる (넣다) → 入(い)れないで、飲(の)みます。 = 넣지 않고 마십니다.

② 砂糖(さとう) = 설탕

---

| MP3 듣고 따라 말하며 세 번씩 써보기 | ∩ mp3 043 |
|---|---|

①

②

③

| 응용해서 써본 후 MP3 듣고 따라 말하기 | ∩ mp3 044 |
|---|---|

① 아침밥을 먹지 않고 회사에 갑니다. [아침밥 = 朝(あさ)ごはん]

→

② 샤워를 하지 않고 잡니다. [샤워를 하다 = シャワーを 浴(あ)びる]

→

---

① 朝(あさ)ごはんを 食(た)べないで、会社(かいしゃ)に 行(い)きます。

② シャワーを 浴(あ)びないで、寝(ね)ます。

どこにも 行かないで、家で 休みました。

아무데도 가지 않고 집에서 쉬었습니다.

① 「V(ない형)+ないで、V(ます형)+ました」=「~지 않고/~지 않은 채 ~했습니다」

(1그룹 동사를 활용했을 시)

行く(ku) (만지다) → 行か(ka)ないで、休みました。= 가지 않고 쉬었습니다.

② どこにも = 어디에도, 아무데도

| MP3 듣고 따라 말하며 세 번씩 써보기 | ⋂ mp3 045 |
|---|---|

①

②

③

| 응용해서 써본 후 MP3 듣고 따라 말하기 | ⋂ mp3 046 |
|---|---|

① 불을 끄지 않고 잤습니다. [불 = 電気, 끄다 = 消す]

→

② 우산을 지니지 않고 외출했습니다. [우산 = 傘, 지니다, 들다 = 持つ, 외출하다 = 出かける]

→

① 電気を 消さないで、寝ました。

② 傘を 持たないで、出かけました。

## これから 連絡しないで ください。
<small>れんらく</small>

### 이제부터 연락하지 말아 주세요.

① 동사의 'ない형'에 'ないで ください'를 붙이면 '~지 말아 주세요, ~지 마세요'라는 의미가 되

며, 어떤 행동을 하지 않도록 부탁하거나 금지하는 표현이 됩니다.

「V(ない형)＋ないで ください」=「~지 말아 주세요, ~지 마세요」

(3그룹 동사를 활용했을 시)

連絡する (연락하다) → 連絡しないで ください。= 연락하지 말아 주세요.
<small>れんらく</small>　　　　　　　　<small>れんらく</small>

② これから = 이제부터, 앞으로

| MP3 듣고 따라 말하며 세 번씩 써보기 | mp3 047 |
|---|---|
| ① | |
| ② | |
| ③ | |

| 응용해서 써본 후 MP3 듣고 따라 말하기 | mp3 048 |
|---|---|

① 이제 두 번 다시 오지 마세요.

　→

② 싸우지 말아 주세요. [싸우다 = けんかする]

　→

① もう 二度と 来ないで ください。
<small>に ど　　こ</small>

② けんかしないで ください。

<sup>は</sup>
# 恥ずかしいですから、見ないで ください。

## 창피하니까, 보지 말아 주세요.

① 「V(ない형)+ないで ください」=「~지 말아 주세요, ~지 마세요」

　(2그룹 동사를 활용했을 시)

　見る (보다) → 見ないで ください。= 보지 말아 주세요.

② 恥ずかしい = '창피하다, 부끄럽다'는 뜻의 い형용사

| MP3 듣고 따라 말하며 세 번씩 써보기 | ◯ mp3 049 |
|---|---|
| ① | |
| ② | |
| ③ | |

| 응용해서 써본 후 MP3 듣고 따라 말하기 | ◯ mp3 050 |
|---|---|

① 거기에 차를 세우지 말아 주세요. [거기 = そこ, 차 = 車, 세우다 = 止める]

　→

② 여기에 쓰레기를 버리지 말아 주세요. [여기 = ここ, 쓰레기 = ごみ, 버리다 = 捨てる]

　→

---

① そこに 車を 止めないで ください。

② ここに ごみを 捨てないで ください。

<sup>あぶ</sup>
# 危ないですから、触らないで ください。

### 위험하니까, 만지지 말아 주세요.

① 「V(ない형)+ないで ください」=「~지 말아 주세요, ~지 마세요」

(1그룹 동사를 활용했을 시)

触る(ru) (만지다) → 触ら(ra)ないで ください。= 만지지 말아 주세요.

② 危ない = '위험하다, 위태롭다'라는 뜻의 い형용사

---

| MP3 듣고 따라 말하며 세 번씩 써보기 | 🎧 mp3 051 |
|---|---|

① 

② 

③ 

| 응용해서 써본 후 MP3 듣고 따라 말하기 | 🎧 mp3 052 |
|---|---|

① 아무에게도 말하지 말아 주세요. [아무에게도 = 誰にも, 말하다 = 言う]

　　→

② 거기에 짐을 놓지 말아 주세요. [거기 = そこ, 짐 = 荷物, 놓다 = 置く]

　　→

---

① 誰にも 言わないで ください。

② そこに 荷物を 置かないで ください。

01. 앞서 배운 문형을 복습해 봅시다.

□ 동사 그룹별 ない형

| 동사의 종류 | 기본형 | | ない형 |
|---|---|---|---|
| 1그룹 | 行<sup>い</sup>く(ku)<br>(가다) | → 行<sup>い</sup>か(ka)+ない | = <u>行<sup>い</sup>かない</u><br>(가지 않는다) |
| | *買<sup>か</sup>う(u)<br>(사다) | → 買<sup>か</sup>わ(wa)+ない | = <u>買<sup>か</sup>わない</u><br>(사지 않는다) |
| 2그룹 | 見<sup>み</sup>る<br>(보다) | → 見<sup>み</sup>~~る~~+ない | = <u>見<sup>み</sup>ない</u><br>(보지 않는다) |
| | 食<sup>た</sup>べる<br>(먹다) | → 食<sup>た</sup>べ~~る~~+ない | = <u>食<sup>た</sup>べない</u><br>(먹지 않는다) |
| 3그룹 | する<br>(하다) | → し+ない | = <u>しない</u><br>(하지 않는다) |
| | くる<br>(오다) | → こ+ない | = <u>こない</u><br>(오지 않는다) |

□ ない형 활용 문장

| 문형 | 예문 |
|---|---|
| V(ない형)+ないで<br>(~지 않고, ~지 않은 채로) | 朝<sup>あさ</sup>ごはんを 食<sup>た</sup>べないで 会社<sup>かいしゃ</sup>に行きます。<br>(아침밥을 먹지 않고 회사에 갑니다.) |
| V(ない형)+ないでください<br>(~지 말아 주세요, ~지 마세요) | そこに 車<sup>くるま</sup>を 止<sup>と</sup>めないで ください。<br>(거기에 차를 세우지 말아 주세요.) |

① 좀처럼 요리는 하지 않는다.

　　→

② 이제 두 번 다시 오지 않을 것이다.

　　→

③ 드라마는 거의 보지 않는다.

　　→

④ 쓸데없는 물건은 사지 않는다.

　　→

⑤ 공부하지 않고 시험을 봅니다.

　　→

⑥ 커피에 설탕을 넣지 않고 마십니다.

　　→

⑦ 아무데도 가지 않고 집에서 쉬었습니다.

　　→

⑧ 이제부터 연락하지 말아 주세요.

　　→

⑨ 창피하니까 보지 말아 주세요.

　　→

⑩ 위험하니까 만지지 말아 주세요.

　　→

① めったに 料理は しない。

② もう 二度と 来ない。

③ ドラマは ほとんど 見ない。

④ 無駄な 物は 買わない。

⑤ 勉強を しないで テストを 受けます。

⑥ コーヒーに 砂糖を 入れないで、飲みます。

⑦ どこにも 行かないで 家で 休みました。

⑧ これから 連絡しないで ください。

⑨ 恥ずかしいですから、見ないで ください。

⑩ 危ないですから、触らないで ください。


MEMO 틀린 문장이 있을 경우 아래에 몇 번씩 반복해서 써보세요.

# CHAPTER 04

# 허가, 금지, 의무
# 말하기

# ここに 座っても いいですか。

## 여기에 앉아도 됩니까?

① 동사의 'て형'에 'ても いい'를 붙이면 '~해도 좋다/괜찮다/된다'라는 뜻의 '허가 표현'이 됩니다.

「V(て형) + ても いい」 = 「~해도 된다」

「V(て형) + ても いいですか」 = 「~해도 됩니까?」

座る (앉다) → 座っても いいですか。 = 앉아도 됩니까?

② 座る = 앉다 (1그룹 동사)

| MP3 듣고 따라 말하며 세 번씩 써보기 | 053 |
|---|---|

①

②

③

| 응용해서 써본 후 MP3 듣고 따라 말하기 | 054 |
|---|---|

① 잠깐 들어가도 됩니까? [잠깐 = ちょっと, 들어가다 = 入る(예외 1그룹 동사)]

→

② 여기에서 담배를 피워도 됩니까? [담배 = たばこ, 吸う = 피우다]

→

① ちょっと 入っても いいですか。

② ここで たばこを 吸っても いいですか。

<ruby>靴<rt>くつ</rt></ruby>

## この 靴を はいて みても いいですか。

## 이 구두를 신어 봐도 됩니까?

① 동사의 'て형'에 'てみても いいですか'를 붙이면 '~해 봐도 됩니까?'라는 뜻의 '허가 표현'이
됩니다.
「V(て형) + て みても いいですか」 = 「~ 해도 됩니까?」
はく (신다) → はいて みても いいですか。 = 신어 봐도 됩니까?

② 허가를 묻는 표현에 대한 답으로는 'はい、どうぞ(네, 그러세요)', 'すみませんが, ~ない
で ください(죄송하지만 ~지 말아 주세요)' 등이 사용될 수 있습니다.

| MP3 듣고 따라 말하며 세 번씩 써보기 | 055 |
|---|---|
| ① | |
| ② | |
| ③ | |

| 응용해서 써본 후 MP3 듣고 따라 말하기 | 056 |
|---|---|

① 이 코트를 입어 봐도 됩니까? [코트 = コート, 입다 = <ruby>着<rt>き</rt></ruby>る]

→

② 이 모자를 써 봐도 됩니까? [모자 = <ruby>帽子<rt>ぼうし</rt></ruby>, (뒤집어) 쓰다 = かぶる]

→

① この コートを <ruby>着<rt>き</rt></ruby>て みても いいですか。
② この <ruby>帽子<rt>ぼうし</rt></ruby>を かぶって みても いいですか。

む り         た
# 無理して 食べなくても いいです。

## 무리해서 먹지 않아도 됩니다.

① 동사의 'ない형'에 'なくても いい'를 붙이면 '~지 않아도 좋다/ 괜찮다/된다'라는 뜻의 '불필요'를 나타내는 표현이 됩니다.

「V(ない형)+なくても いいです」=「~지 않아도 좋습니다/괜찮습니다/됩니다」

た          た
食べる (먹다) → 食べなくても いいです。= 먹지 않아도 됩니다.

む り
② 無理する = 무리하다 (3그룹 동사)


**MP3 듣고 따라 말하며 세 번씩 써보기**　　　　　　　　🎧 mp3 057

①

②

③

**응용해서 써본 후 MP3 듣고 따라 말하기**　　　　　　　　🎧 mp3 058

くすり            の
① 이제 약은 먹지 않아도 됩니다. [이제 = もう, 약 = 薬, (약) 먹다 = 飲む]

　　→

あした       がっこう      い
② 내일은 학교에 가지 않아도 됩니다. [내일 = 明日, 학교 = 学校, 가다 = 行く]

　　→

---
くすり の
① もう 薬は 飲まなくても いいです。
あした   がっこう  い
② 明日は 学校に 行かなくても いいです。
---

ここで 写真を 撮っては いけません。

여기에서 사진을 찍어서는 안 됩니다.

① 동사의 'て형'에 'ては いけない'를 붙이면 '~해서는 안 된다/~하면 안 된다'라는 뜻의 '금지 표현'이 됩니다. (사회적 규제, 도덕 등)

「V(て형) + ては いけない」 = 「~해서는 안 된다」

「V(て형) + ては いけません」 = 「~해서는 안 됩니다」

撮る (찍다) → 撮っては いけません。 = 찍어서는 안 됩니다.

② 写真 = 사진, 撮る = 찍다 (1그룹 동사)

| MP3 듣고 따라 말하며 세 번씩 써보기 | 🎧 mp3 059 |
|---|---|

①

②

③

| 응용해서 써본 후 MP3 듣고 따라 말하기 | 🎧 mp3 060 |
|---|---|

① 고등학생은 담배를 피워서는 안 됩니다. [고등학생 = 高校生]

→

② 이 강에서 헤엄쳐서는 안 됩니다. [강 = 川, 헤엄치다 = 泳ぐ]

→

① 高校生は たばこを 吸っては いけません。

② この 川で 泳いでは いけません。

歩きながら **スマホを** 操作しては いけません。

걸으면서 **스마트폰을** 조작해서는 안 됩니다.

① 「V(ます형) + ながら  V(て형) + ては いけません」 = 「~ 하면서 ~ 해서는/하면 안 됩니다」

歩きながら スマホを 操作しては いけません。

  = 걸으면서 스마트폰을 조작해서는 안 됩니다.

② 操作する = 조작하다 (3그룹 동사)

| MP3 듣고 따라 말하며 세 번씩 써보기 | 🎧 mp3 061 |
|---|---|

①

②

③

| 응용해서 써본 후 MP3 듣고 따라 말하기 | 🎧 mp3 062 |
|---|---|

① 운전하면서 스마트폰을 사용해서는 안 됩니다. [운전하다 = 運転する, 사용하다 = 使う]

  →

② TV를 보면서 밥을 먹어서는 안 됩니다. [TV = テレビ, 밥 = ご飯]

  →

① 運転しながら スマホを 使っては いけません。

② テレビを 見ながら ご飯を 食べては いけません。

としょかん ほん かえ
## 図書館に 本を 返さなければ なりません。

## 도서관에 책을 반납해야 합니다.

① 동사의 'ない형'에 'なければ ならない'를 붙이면 '~ 해야 한다/~지 않으면 안 된다'라는 뜻의 '의무'를 나타내는 표현이 됩니다.

「V(ない형) + なければ ならない」=「~ 해야 한다」

「V(ない형) + なければ なりません」=「~ 해야 합니다」

かえ                かえ
返す (반납하다) → 返さなければ なりません。= 반납해야 합니다.

かえ
② 返す = 되돌리다, 돌려주다 (1그룹 동사)

---

| MP3 듣고 따라 말하며 세 번씩 써보기 | 🎧 mp3 063 |
|---|---|

①

②

③

| 응용해서 써본 후 MP3 듣고 따라 말하기 | 🎧 mp3 064 |
|---|---|

だ
① 내일 리포트를 내야 합니다. [리포트 = レポート, 내다, 제출하다 = 出す]

→

おとな        こ                     まも
② 어른은 아이를 보호해야 합니다. [어른 = 大人, 아이 = 子ども, 보호하다, 지키다 = 守る]

→

あした          だ
① 明日 レポートを 出さなければ なりません。

おとな   こ        まも
② 大人は 子どもを 守らなければなりません。

<sub>としょかん</sub> <sub>ほん</sub> <sub>かえ</sub>
**図書館に 本を 返さなければ いけません。**

**도서관에 책을 반납해야 합니다.**

① 동사의 '없이형'에 '없여없ば 없여없없'를 붙이면 ' ~ 해야 한다/ ~ 지 않으면 안 된다'라는 뜻의
   '의무'를 나타내는 표현이 됩니다. 앞서 배운 '없여없ば 없없없없'에 비해 회화체적인 표현이며,
   개인적/개별적 일에 대한 의무를 나타내는 경향이 있습니다.

② 「V(없이형) + なければ いけない」 = 「 ~ 해야 한다」
   「V(없이형) + なければ いけません」 = 「 ~ 해야 합니다」

<sub>かえ</sub> <sub>かえ</sub>
   返す (반납하다) → 返さなければ いけません。 = 반납해야 합니다.

---

MP3 듣고 따라 말하며 세 번씩 써보기                                      🎧 mp3 065

①

②

③

응용해서 써본 후 MP3 듣고 따라 말하기                                      🎧 mp3 066

① 내일 리포트를 내야 합니다.

   →

<sub>はや</sub> <sub>お</sub>
② 내일은 일찍 일어나야 합니다. [일찍 = 早く, 일어나다 = 起きる]

   →

---

<sub>あした</sub> <sub>だ</sub>
① 明日 レポートを 出さなければ いけません。

<sub>あした</sub> <sub>はや</sub> <sub>お</sub>
② 明日は 早く 起きなければ いけません。

01. 앞서 배운 문형을 복습해 봅시다.

| 문형 | 예문 |
|---|---|
| V(て형) + **ても いい** (~해도 된다) | <ruby>座<rt>すわ</rt></ruby>っても いいです。 (앉아도 됩니다.) |
| **て みても いい** (~해 봐도 된다) | はいて みても いいです。 (신어 봐도 됩니다.) |
| **ては いけない** (~해서는 안 된다) | たばこを <ruby>吸<rt>す</rt></ruby>っては いけません。 (담배를 피워서는 안 됩니다.) |
| V(ない형) + **なくても いい** (~지 않아도 된다) | <ruby>食<rt>た</rt></ruby>べなくても いいです。 (먹지 않아도 됩니다.) |
| **なければ ならない** (~해야 한다) | <ruby>早<rt>はや</rt></ruby>く <ruby>起<rt>お</rt></ruby>きなければ なりません。 (일찍 일어나야 합니다.) |
| **なければ いけない** (~해야 한다) | <ruby>早<rt>はや</rt></ruby>く <ruby>起<rt>お</rt></ruby>きなければ いけません。 (일찍 일어나야 합니다.) |

02. 앞서 배운 문장을 일본어로 쓸 수 있는지 테스트를 통해 확인해 보세요.　(정답 p.083)

① 여기에 앉아도 됩니까?

　→

② 잠깐 들어가도 됩니까?

　→

③ 이 구두를 신어 봐도 됩니까?

　→

④ 이 코트를 입어 봐도 됩니까?

　→

⑤ 무리해서 먹지 않아도 됩니다.

　→

⑥ 여기서 사진을 찍으면 안 됩니다.

　→

⑦ 고등학생은 담배를 피워서는 안 됩니다.

　→

⑧ 걸으면서 스마트폰을 조작해서는 안 됩니다.

　→

⑨ 도서관에 책을 반납해야 합니다.

　→

⑩ 도서관에 책을 반납해야 합니다. (좀 더 회화체적인 표현 / 개인적, 개별적 의무)

　→

① ここに 座<sup>すわ</sup>っても いいですか。

② ちょっと 入<sup>はい</sup>っても いいですか。

③ この 靴<sup>くつ</sup>を はいて みても いいですか。

④ この コートを 着<sup>き</sup>て みても いいですか。

⑤ 無理<sup>む り</sup>して 食<sup>た</sup>べなくても いいです。

⑥ ここで 写真<sup>しゃしん</sup>を 撮<sup>と</sup>っては いけません。

⑦ 高校生<sup>こうこうせい</sup>は たばこを 吸<sup>す</sup>っては いけません。

⑧ 歩<sup>ある</sup>きながら スマホを 操作<sup>そう さ</sup>しては いけません。

⑨ 図書館<sup>と しょかん</sup>に 本<sup>ほん</sup>を 返<sup>かえ</sup>さなければ なりません。

⑩ 図書館<sup>と しょかん</sup>に 本<sup>ほん</sup>を 返<sup>かえ</sup>さなければ いけません。

MEMO 틀린 문장이 있을 경우 아래에 몇 번씩 반복해서 써보세요.

# CHAPTER 05

## 과거의 행동, 행동의
## 전후 관계 말하기

友だちと 公園を 散歩した。

친구와 공원을 산책했다.

① 동사에 'た'를 붙이면 ' ~ 었다'라는 '과거, 완료'의 의미를 가진 보통체 표현이 됩니다. (정중체는 ~
ました) 이때 동사는 어미 활용을 하게 되는데, 이것을 동사의 'た형'이라고 합니다.
모든 동사의 'た형'은 'て형'과 활용형이 같습니다.

[3그룹 동사 て/た형]　・する (하다) → して (하고) / した (했다)

・くる (오다) → きて (오고) / きた (왔다)

② 散歩する = 산책하다 (3그룹 동사)

| MP3 듣고 따라 말하며 세 번씩 써보기 | mp3 067 |
|---|---|

①

②

③

| 응용해서 써본 후 MP3 듣고 따라 말하기 | mp3 068 |
|---|---|

① 오늘도 늦잠 잤다. [오늘 = 今日, 도 = も, 늦잠 자다 = 朝寝坊する]

→

② 봄이 왔다. [봄 = 春]

→

① 今日も 朝寝坊した。

② 春が 来た。

きのう にほんえいが　み
昨日 日本映画を 見た。

어제 일본 영화를 봤다.

① [2그룹 동사의 て/た형]

み　　　　　　　　　み　　　　　　　　み　　　　　　　　　み
見る (보다) → 見～ + て/た = 見て (보고) / 見た (봤다)

ね　　　　　　　　　ね　　　　　　　　ね　　　　　　　　ね
寝る (자다) → 寝～ + て/た = 寝て (자고) / 寝た (잤다)

きのう　　　　　　　　　にほんえい　が
② 昨日 = 어제, 日本映画 = 일본 영화

MP3 듣고 따라 말하며 세 번씩 써보기　　　　　　　　　🎧 mp3 069

①

②

③

응용해서 써본 후 MP3 듣고 따라 말하기　　　　　　　　　🎧 mp3 070

いちにちじゅう
① 어제는 하루 종일 잤다. [하루 종일 = 一日 中 ]

→

むす こ　　　　　　　う
② 아들이 태어났다. [아들 = 息子, 태어나다 = 生まれる]

→

きのう　　いちにちじゅう　ね
① 昨日は 一日 中 寝た。

むすこ　　う
② 息子が 生まれた。

フルマラソンを 走った。

풀 마라톤을 뛰었다.

① 1그룹 동사의 'た형'과 'て형'은 다음과 같이 4가지로 활용합니다.

[-う/-つ/-る]　走る (뛰다)　→ 走っ + て/た　= 走って (뛰고)　/ 走った (뛰었다)

[-く/-ぐ]　　　書く (쓰다)　→ 書い + て/た　= 書いて (쓰고)　/ 書いた (썼다)

[-ぬ/-ぶ/-む]　休む (쉬다)　→ 休ん + で/だ　= 休んで (쉬고)　/ 休んだ (쉬었다)

[-す]　　　　　話す (말하다)　→ 話し + て/た　= 話して (말하고)/ 話した (말했다)

② フルマラソン = 풀 마라톤, 走る = 뛰다, 달리다 (예외 1그룹 동사)

| MP3 듣고 따라 말하며 세 번씩 써모기 | 🎧 mp3 071 |
|---|---|

① 

② 

③ 

| 응용해서 써본 후 MP3 듣고 따라 말하기 | 🎧 mp3 072 |
|---|---|

① 사표를 썼다. [사표 = 辞表, 쓰다 = 書く]

　　→

② 회사를 쉬었다. [회사 = 会社, 쉬다 = 休む]

　　→

① 辞表を 書いた。
② 会社を 休んだ。

<sub>おきなわ</sub>　<sub>と</sub>　<sub>しゃしん</sub>
## これは 沖縄で 撮った 写真です。

## 이것은 오키나와에서 찍은 사진입니다.

① '동사의 た형+た' 뒤에 명사가 오면, '~ 한, ~ 은'이라는 명사 수식 표현이 됩니다.

「(Vた형)+た Nです」=「~ 한 ~ 입니다」

沖縄で 撮った 写真です。= 오키나와에서 찍은 사진입니다.

② 沖縄 = 일본 최남단에 있는 '오키나와(현)'

| MP3 듣고 따라 말하며 세 번씩 써보기 | 🎧 mp3 073 |
|---|---|

①

②

③

| 응용해서 써본 후 MP3 듣고 따라 말하기 | 🎧 mp3 074 |
|---|---|

① 이것은 쓰키지 시장에서 산 참치입니다. [쓰키지 시장 = 築地市場, 참치 = マグロ]

　　→

② 이것은 야마다 씨가 쓴 편지입니다. [쓰다 = 書く, 편지 = 手紙]

　　→

① これは 築地市場で 買った マグロです。

② これは 山田さんが 書いた 手紙です。

きのう み　　　　に ほんえい が
昨日 見た 日本映画は とても おもしろかったです。

어제 본 일본 영화는 무척 재미있었습니다.

① 「(V た형)+た N は ~です」=「~한 ~은/는 ~습니다」

きのう み　　　　に ほんえい が
昨日 見た 日本映画は おもしろかったです。

= 어제 본 일본 영화는 재미있었습니다.

② とても = '무척, 매우'라는 뜻의 부사

### MP3 듣고 따라 말하며 세 번씩 써보기　　　　　　　　　　🎧 mp3 075

①

②

③

### 응용해서 써본 후 MP3 듣고 따라 말하기　　　　　　　　　　🎧 mp3 076

① 어제 쓰키지 시장에서 먹은 초밥은 무척 맛있었습니다. [초밥 = おすし]

　→

② 요전날 본 시험은 무척 어려웠습니다. [요전날 = 先日, (시험) 보다 = 受ける, 어렵다 = 難しい]

　→

きのう つきじしじょう　　 た
① 昨日 築地市場で 食べた おすしは とても おいしかったです。

せんじつ う　　　　　　　　 むずか
② 先日 受けた テストは とても 難しかったです。

きょう と　　　　　い
**京都に** 行った ことが あります。

**교토에** 간 적이 있습니다.

① 동사의 'た형'에 'た ことが ある'를 붙이면, '~한 적이 있다'라는 뜻의 '경험, 경력'을 나타내는 표
　현이 됩니다.

　「V(た형)+た ことが ある」=「~한 적이 있다」

　「V(た형)+た ことが あります」=「~한 적이 있습니다」

　い
　行った ことが あります。= 간 적이 있습니다.

きょう と
② 京都 = 일본 혼슈 서부 지역에 있는 '교토(부)'

---

**MP3 듣고 따라 말하며 세 번씩 써보기**　　　　　　　　　🎧 mp3 077

① _____

② _____

③ _____

**응용해서 써본 후 MP3 듣고 따라 말하기**　　　　　　　　🎧 mp3 078

　　　　　　　　　　　　　　に ほんじん　　　　　　　 はな
① 일본인과 이야기한 적이 있습니다. [일본인 = 日本人, 이야기하다 = 話す]

　→

　　　　　　　　　　　　　びょういん　　　　　　 にゅういん
② 병원에 입원한 적이 있습니다. [병원 = 病院, 입원하다 = 入院する]

　→

---

に ほんじん　　 はな
① 日本人と 話した ことが あります。

びょういん　　 にゅういん
② 病院に 入院した ことが あります。

---

91

<ruby>食<rt>しょく</rt></ruby><ruby>事<rt>じ</rt></ruby>を した <ruby>後<rt>あと</rt></ruby>で、<ruby>歯<rt>は</rt></ruby>を <ruby>磨<rt>みが</rt></ruby>きます。

식사를 한 후에, 이를 닦습니다.

① 동사의 'た형' 뒤에 'た <ruby>後<rt>あと</rt></ruby>で'를 붙이면 '어떤 동작이 종료된 후에 다음 동작이 일어나는 것'을 나타

내는 표현이 되며, '~한 후에'로 해석됩니다.

「V(た형) + た <ruby>後<rt>あと</rt></ruby>で、V(ます형) +ます」 = 「~ 한 후에 ~합니다」

<ruby>食<rt>しょく</rt></ruby><ruby>事<rt>じ</rt></ruby>を した <ruby>後<rt>あと</rt></ruby>で、<ruby>歯<rt>は</rt></ruby>を <ruby>磨<rt>みが</rt></ruby>きます。= 식사를 한 후에 이를 닦습니다.

② <ruby>歯<rt>は</rt></ruby> = 이, <ruby>磨<rt>みが</rt></ruby>く = (문질러) 닦다 (1그룹 동사)

---

**MP3 듣고 따라 말하며 세 번씩 써보기**　　　　　　　🎧 mp3 079

①

②

③

**응용해서 써본 후 MP3 듣고 따라 말하기**　　　　　　　🎧 mp3 080

① 식사를 한 후에, 산책합니다. [산책하다 = <ruby>散<rt>さん</rt></ruby><ruby>歩<rt>ぽ</rt></ruby>する]

　→

② 헤엄친 후에, 맥주를 마십니다. [헤엄치다 = <ruby>泳<rt>およ</rt></ruby>ぐ, 맥주 = ビール]

　→

> ① <ruby>食<rt>しょく</rt></ruby><ruby>事<rt>じ</rt></ruby>を した <ruby>後<rt>あと</rt></ruby>で、<ruby>散<rt>さん</rt></ruby><ruby>歩<rt>ぽ</rt></ruby>します。
> ② <ruby>泳<rt>およ</rt></ruby>いだ <ruby>後<rt>あと</rt></ruby>で、ビールを <ruby>飲<rt>の</rt></ruby>みます。

<sub>しょくじ</sub> <sub>あと</sub> <sub>ちゃ</sub> <sub>の</sub>
食事の 後で、お茶を 飲みませんか。

식사 후에, 차를 마시지 않겠습니까?

① '(동작을 나타내는) 명사+の 後<sub>あと</sub>で'는 어떤 동작이 끝난 후에 다음 동작이 일어나는 것을 나타내는

표현이며, '~ 후에'로 해석됩니다.

「N + の 後<sub>あと</sub>で、V(ます형)+ませんか」=「~ 후에 ~ 하지 않겠습니까?」

食事<sub>しょくじ</sub>の 後<sub>あと</sub>で、お茶<sub>ちゃ</sub>を 飲<sub>の</sub>みませんか。= 식사 후에, 차를 마시지 않겠습니까?

② お茶<sub>ちゃ</sub> = (마시는) 차

| MP3 듣고 따라 말하며 세 번씩 써보기 | mp3 081 |
| --- | --- |
| ① | |
| ② | |
| ③ | |

| 응용해서 써본 후 MP3 듣고 따라 말하기 | 082 |
| --- | --- |

① 식사 후에, 산책하지 않겠습니까? [산책하다 = 散歩<sub>さんぽ</sub>する]

→

② 운동 후에, 맥주를 마시지 않겠습니까? [운동 = 運動<sub>うんどう</sub>, 맥주 = ビール]

→

---

① 食事<sub>しょくじ</sub>の 後<sub>あと</sub>で、散歩<sub>さんぽ</sub>しませんか。

② 運動<sub>うんどう</sub>の 後<sub>あと</sub>で、ビールを 飲<sub>の</sub>みませんか。

<br>

シャワーを 浴<sup>あ</sup>びてから、寝<sup>ね</sup>ます。

샤워를 하고 나서, 잡니다.

① 동사의 'て형'에 'てから'를 붙이면 '어떤 동작이 끝난 후에 곧이어 다른 동작이 일어나는 것'을 나타
   내는 표현이 되며, 한국어로는 '~ 하고 (나서)'로 해석됩니다.

   「V(て형) + てから V(ます형) +ます」 = 「~ 하고 나서 ~ 합니다」

   シャワーを 浴<sup>あ</sup>びてから、寝<sup>ね</sup>ます。 = 샤워를 하고 나서 잡니다.

② 앞서 배운 'た 後<sup>あと</sup>で'와 비슷한 표현이지만, 주로 '앞의 행동을 먼저 한다', 혹은 '반드시 한다'는 것을
   강조할 때 사용합니다.

---

**MP3 듣고 따라 말하며 세 번씩 써보기**　　　　　　　　　　🎧 mp3 083

① _____

② _____

③ _____

**응용해서 써본 후 MP3 듣고 따라 말하기**　　　　　　　　　🎧 mp3 084

① 일기를 쓰고 나서, 잡니다. [일기 = 日記<sup>にっき</sup>, 쓰다 = 書<sup>か</sup>く]

　　→ _____

② 손을 씻고 나서, 요리를 합니다. [손 = 手<sup>て</sup>, 씻다 = 洗<sup>あら</sup>う, 요리 = 料理<sup>りょうり</sup>]

　　→ _____

---

① 日記<sup>にっき</sup>を 書<sup>か</sup>いてから、寝<sup>ね</sup>ます。

② 手<sup>て</sup>を 洗<sup>あら</sup>ってから、料理<sup>りょうり</sup>を します。

<sup>ね</sup> <sup>まえ</sup> <sup>あ</sup>
寝る 前に シャワーを 浴びます。

자기 전에 샤워를 합니다.

① 'V(기본형)/N(동작성 명사)の'에 '前に'를 붙이면, 두 가지 행동 중 어느 쪽을 먼저 하는 지를 나타내는 표현이 되며, 한국어로는 '~ 하기 전에'로 해석됩니다.

「V(기본형) + 前に V(ます형) +ます」 = 「~ 전에 ~ 합니다」

寝る 前に シャワーを 浴びます。 = 자기 전에 샤워를 합니다.

② 「N + の 前に V(ます형) +ます」 = 「~ 전에 ~ 합니다」

食事の 前に 手を 洗います。 = 식사 전에 손을 씻습니다.

---

**MP3 듣고 따라 말하며 세 번씩 써보기**                          🎧 mp3 085

①

②

③

**응용해서 써본 후 MP3 듣고 따라 말하기**                        🎧 mp3 086

① 자기 전에 일기를 씁니다.

→

② 요리 전에 손을 씻습니다. [요리 = 料理, 손 = 手, 씻다 = 洗う]

→

---

① 寝る 前に 日記を 書きます。
② 料理の 前に 手を 洗います。

## 01. 앞서 배운 문형을 복습해 봅시다.

□ た형 활용 연습

아래에 주어진 동사들을 た형으로 바꾸는 연습을 해보세요.                    (정답 p.097)

| 1그룹 동사 | | 2그룹 동사 | |
|---|---|---|---|
| (예) 会う<br>(만나다) | 会った<br>(만났다) | (예) 見る<br>(오다) | 見た<br>(봤다) |
| 待つ<br>(기다리다) | | 起きる<br>(일어나다) | |
| 走る<br>(뛰다) 예외 1그룹 | | 寝る<br>(자다) | |
| 書く<br>(쓰다) | | 生まれる<br>(태어나다) | |
| 泳ぐ<br>(헤엄치다) | | 食べる<br>(먹다) | |
| 死ぬ<br>(죽다) | | **3그룹 동사** | |
| 遊ぶ<br>(놀다) | | する<br>(하다) | |
| 休む<br>(쉬다) | | くる<br>(오다) | |
| 話す<br>(말하다) | | 料理する<br>(요리하다) | |

(정답) 1그룹 동사 た형

待った (기다렸다)　　待った (뛰었다)　　書いた (썼다)　　泳いだ (헤엄쳤다)

死んだ (죽었다)　　遊んだ (놀았다)　　休んだ (쉬었다)　　話した (말했다)

(정답) 2그룹 동사 た형

起きた (일어났다)　　寝た (잤다)　　生まれた (태어났다)　　食べた (먹었다)

(정답) 3그룹 동사 た형

した (했다)　　きた (왔다)　　料理した (요리했다)

□ 행동의 전후 관계를 나타내는 표현

| 문형 | 예문 |
| --- | --- |
| V(た형) +た ことがある<br>(~한 적이 있다) | 入院した ことがあります。<br>(입원한 적이 있습니다.) |
| V(た형) +た 後で<br>(~한 후에) | 食事した 後で、散歩します。<br>(식사한 후에 산책합니다.) |
| N(동작성 명사)+の 後で<br>(~후에) | 食事の 後で、散歩します。<br>(식사 후에 산책합니다.) |
| V(て형) +てから<br>(~고 나서) | 食べてから 散歩します。<br>(먹고 나서 산책합니다.) |
| V(기본형) +前に<br>(~하기 전에) | 料理する 前に、手を 洗います。<br>(요리하기 전에 손을 씻습니다.) |
| N(동작성 명사)+の 前に<br>(~ 전에) | 食事の 前に 手を 洗います。<br>(식사 전에 손을 씻습니다.) |

02. 앞서 배운 문장을 일본어로 쓸 수 있는지 테스트를 통해 확인해 보세요.  (정답 p.099)

① 친구와 공원을 산책했다.

　→

② 어제 일본 영화를 봤다.

　→

③ 풀 마라톤을 뛰었다.

　→

④ 이것은 오키나와에서 찍은 사진입니다.

　→

⑤ 어제 본 일본 영화는 무척 재미있었습니다.

　→

⑥ 교토에 간 적이 있습니다.

　→

⑦ 식사를 한 후에, 이를 닦습니다.

　→

⑧ 식사 후에, 차를 마시지 않겠습니까?

　→

⑨ 샤워를 하고 나서, 잡니다.

　→

⑩ 자기 전에 샤워를 합니다.

　→

① 友だちと 公園を 散歩した。

② 昨日 日本映画を 見た。

③ フルマラソンを 走った。

④ これは 沖縄で 撮った 写真です。

⑤ 昨日 見た 日本映画は とても おもしろかったです。

⑥ 京都に 行った ことが あります。

⑦ 食事を した 後で、歯を 磨きます。

⑧ 食事の 後で、お茶を 飲みませんか。

⑨ シャワーを 浴びてから、寝ます。

⑩ 寝る 前に シャワーを 浴びます。

MEMO 틀린 문장이 있을 경우 아래에 몇 번씩 반복해서 써보세요.

# CHAPTER 06

# 할 수 있는 것,
# 못 하는 것 말하기

ピアノ が できます。

피아노를 칠 수 있습니다.

① 외국어, 스포츠, 악기 등을 나타내는 명사, 혹은 '명사 + する' 동사의 명사 부분(예: 料理する의 '料理' 부분)에 'が できる'를 붙이면 '~을/를 할 수 있다'는 뜻의 가능 표현이 됩니다.

「N が できる」 = 「~을/를 할 수 있다」

ピアノ が できます。 = 피아노를 칠 수 있습니다.

② ピアノ = 피아노

| MP3 듣고 따라 말하며 세 번씩 써보기 | ∩ mp3 087 |
|---|---|

①

②

③

| 응용해서 써본 후 MP3 듣고 따라 말하기 | ∩ mp3 088 |
|---|---|

① 일본어를 할 수 있습니다. [일본어 = 日本語]

→

② 골프를 칠 수 있습니다. [골프 = ゴルフ]

→

① 日本語が できます。

② ゴルフが できます。

英語を 話す ことが できます。

영어를 말할 수 있습니다.

① 동사의 '기본형'에 'ことが できる'를 붙이면 '~할 수 있다'라는 뜻의 능력, 행위의 가능성을 나타
내는 '가능 표현'이 됩니다.

「V(기본형) + ことが できる」= 「~할 수 있다」

話す ことが できます。= 말할 수/이야기할 수 있습니다.

② 英語 = 영어

| MP3 듣고 따라 말하며 세 번씩 써보기 | 🎧 mp3 089 |
| --- | --- |
| ① | |
| ② | |
| ③ | |

| 응용해서 써본 후 MP3 듣고 따라 말하기 | 🎧 mp3 090 |
| --- | --- |

① 케이크를 만들 수 있습니다. [케이크 = ケーキ, 만들다 = 作る]

　→

② 바다에서 헤엄칠 수 있습니다. [바다 = 海, 헤엄치다 = 泳ぐ]

　→

---

① ケーキを 作る ことが できます。

② 海で 泳ぐ ことが できます。

---

<ruby>何<rt>なん</rt></ruby><ruby>時<rt>じ</rt></ruby>ごろ <ruby>来<rt>こ</rt></ruby>られますか。

몇 시쯤 올 수 있습니까?

① 일본어 가능 표현에는 '[1] V(기본형)+ことが できる'와 '[2] 가능형 동사' 형태가 있습니다. 동사의 '가능형'은 그룹별로 활용형이 다른데, 먼저 3그룹 동사의 '가능형'은 아래와 같습니다.

[3그룹 동사의 가능형]

· する (하다) → できる (할 수 있다)

· くる (오다) → こられる (올 수 있다)

② <ruby>何<rt>なん</rt></ruby><ruby>時<rt>じ</rt></ruby> = 몇 시, ごろ = 쯤, 무렵

---

**MP3 듣고 따라 말하며 세 번씩 써보기**　　　　　　　🎧 mp3 091

①

②

③

**응용해서 써본 후 MP3 듣고 따라 말하기**　　　　　　🎧 mp3 092

① 요리할 수 있습니까? [요리하다 = <ruby>料理<rt>りょうり</rt></ruby>する]

　　→

② 운전할 수 있습니까? [운전하다 = <ruby>運転<rt>うんてん</rt></ruby>する]

　　→

---

① <ruby>料理<rt>りょうり</rt></ruby>できますか。

② <ruby>運転<rt>うんてん</rt></ruby>できますか。

<br>

なっとう た
# 納豆が 食べられますか。

## 낫토를 먹을 수 있습니까?

① [2그룹 동사의 가능형] 기본형 어미 'る'를 없애고 'られる'를 붙인 형태입니다.

- 見る (보다)   → 見る̸ + られる   = 見られる (볼 수 있다)
- 食べる (먹다) → 食べる̸ + られる = 食べられる (먹을 수 있다)

② '가능형' 문장에서 동작의 대상에 붙는 조사 'を'는 원칙적으로 'が'로 바뀝니다. (실제로는 바뀌지 않는 경우도 있음)

納豆を 食べる (낫토를 먹는다) → 納豆が 食べられる (낫토를 먹을 수 있다)

---

**MP3 듣고 따라 말하며 세 번씩 써보기**　　　　　　　　🎧 mp3 093

①

②

③

**응용해서 써본 후 MP3 듣고 따라 말하기**　　　　　　　　🎧 mp3 094

① 스마트폰으로 TV를 볼 수 있습니까? [스마트폰 = スマホ, TV = テレビ]

→

② 밤에 혼자서 잘 수 있습니까? [밤 = 夜, 혼자서 = 一人で]

→

---

① スマホで テレビが 見られますか。

② 夜 一人で 寝られますか。

<ruby>英<rt>えい</rt></ruby><ruby>語<rt>ご</rt></ruby>が <ruby>話<rt>はな</rt></ruby>せますか。

영어를 말할 수 있습니까?

① [1그룹 동사의 가능형] 기본형의 어미 'う단(u모음)'을 'え단(e모음)'으로 바꾸고 'る'를 붙인 형태입니다.

- <ruby>話<rt>はな</rt></ruby>す(su) (말하다) → <ruby>話<rt>はな</rt></ruby>せ(se) + る = <ruby>話<rt>はな</rt></ruby>せる (말할 수 있다)
- <ruby>作<rt>つく</rt></ruby>る(ru) (만들다) → <ruby>作<rt>つく</rt></ruby>れ(re) + る = <ruby>作<rt>つく</rt></ruby>れる (만들 수 있다)

② 이상과 같이 1, 2, 3그룹 동사로 만들어진 '가능형 동사'는 모두 '2그룹 동사'입니다. ([1] 마지막 음절이 'る', [2] 'る'바로 앞 한 글자가 'え단(e모음)'임)

### MP3 듣고 따라 말하며 세 번씩 써보기　　　　🎧 mp3 095

①

②

③

### 응용해서 써본 후 MP3 듣고 따라 말하기　　　　🎧 mp3 096

① 케이크를 만들 수 있습니까? [케이크 = ケーキ, 만들다 = <ruby>作<rt>つく</rt></ruby>る]

　→

② 바다에서 헤엄칠 수 있습니까? [바다 = <ruby>海<rt>うみ</rt></ruby>, 헤엄치다 = <ruby>泳<rt>およ</rt></ruby>ぐ]

　→

① ケーキが <ruby>作<rt>つく</rt></ruby>れますか。

② <ruby>海<rt>うみ</rt></ruby>で <ruby>泳<rt>およ</rt></ruby>げますか。

<sub>わたし</sub> <sub>なっとう</sub> <sub>た</sub>
# 私 は 納豆 が 食べられません。

## 저는 낫토를 먹지 못합니다.

① '가능형 동사'는 모두 '2그룹 동사'이기 때문에 2그룹 동사의 활용 법칙을 따릅니다.

| 가능형 동사 | ます형 | て형 | ない형 |
|---|---|---|---|
| <sub>た</sub><br>食べられる<br>(먹을 수 있다) | <sub>た</sub><br>食べられます<br>(먹을 수 있습니다) | <sub>た</sub><br>食べられて<br>(먹을 수 있고) | <sub>た</sub><br>食べられない<br>(먹을 수 없다) |

② 「V(ます형)+ません」=「~지 않습니다」

<sub>た</sub>
食べられません。= 먹지 못합니다.

---

**MP3 듣고 따라 말하며 세 번씩 써보기**　　　　　　　　　　🎧 mp3 097

① _____

② _____

③ _____

**응용해서 써본 후 MP3 듣고 따라 말하기**　　　　　　　　🎧 mp3 098

① 저는 아침 일찍 일어나지 못합니다. [아침 = 朝<sub>あさ</sub>, 일찍 = 早<sub>はや</sub>く, 일어나다 = 起<sub>お</sub>きる]

　　→ _____

② 딸은 아직 걷지 못합니다. [딸 = 娘<sub>むすめ</sub>, 아직 = まだ, 걷다 = 歩<sub>ある</sub>く]

　　→ _____

---

① <sub>わたし</sub> 私 は <sub>あさ</sub>朝 <sub>はや</sub>早く <sub>お</sub>起きられません。

② <sub>むすめ</sub>娘は まだ <sub>ある</sub>歩けません。

<sub>なっとう</sub>　<sub>た</sub>
**納豆が** 食べられる ように なりました。

**낫토를** 먹을 수 있게 되었습니다.

① 동사의 '기본형'에 'ように なる'를 붙이면 '~하게 되다'라는 뜻의 '능력이나 상황 등의 변화'를 나타내는 표현이 됩니다. 이 표현은 '가능형 동사'와 함께 쓰이는 경우가 많습니다.

　「V(기본형) + ように なる」 = 「~ 하게 되다」

　<sub>た</sub>
　食べられる ように なる。 = 먹을 수 있게 되다.

② <sub>なっとう</sub>
　納豆 = 낫토 (일본의 콩 발효 음식)


**MP3 듣고 따라 말하며 세 번씩 써보기**　　　　　　　🎧 mp3 099

① _____

② _____

③ _____

**응용해서 써본 후 MP3 듣고 따라 말하기**　　　　　　🎧 mp3 100

① 아침 일찍 일어날 수 있게 되었습니다.

　→ _____

② 딸이 걸을 수 있게 되었습니다.

　→ _____

---

① <sub>あさ はや</sub> <sub>お</sub>
　朝 早く 起きられる ように なりました。
② <sub>むすめ ある</sub>
　娘が 歩ける ように なりました。

<ruby>母<rt>はは</rt></ruby>の <ruby>料理<rt>りょうり</rt></ruby>が <ruby>食<rt>た</rt></ruby>べられなく なりました。

어머니의 요리를 먹을 수 없게 되었습니다.

① 동사의 'ない형'에 'なく なる'를 붙이면 '~하지 않게 되다'라는 뜻의 상황의 변화를 나타내는 표현이 되며, '가능형 동사의 ない형'과 결합할 경우에는 '~할 수 없게 되다'라는 뜻이 됩니다.

「V(ない형) + なく なる」 = 「~지 않게 되다」

<ruby>食<rt>た</rt></ruby>べられなく なる。 = 먹을 수 없게 되다.

\* <ruby>食<rt>た</rt></ruby>べる (먹다) → <ruby>食<rt>た</rt></ruby>べられる (먹을 수 있다) → <ruby>食<rt>た</rt></ruby>べられない (먹을 수 없다)

② <ruby>母<rt>はは</rt></ruby> = (자신의) 어머니

| MP3 듣고 따라 말하며 세 번씩 써보기 | mp3 101 |
| --- | --- |
| ① | |
| ② | |
| ③ | |

| 응용해서 써본 후 MP3 듣고 따라 말하기 | mp3 102 |
| --- | --- |

① 이 강에서는 헤엄칠 수 없게 되었습니다. [강 = <ruby>川<rt>かわ</rt></ruby>]

→

② 술을 마실 수 없게 되었습니다.

→

① この <ruby>川<rt>かわ</rt></ruby>では <ruby>泳<rt>およ</rt></ruby>げなく なりました。

② お<ruby>酒<rt>さけ</rt></ruby>が <ruby>飲<rt>の</rt></ruby>めなく なりました。

01. 앞서 배운 문형을 복습해 봅시다.

☐ 동사 그룹별 가능형

| 동사의 종류 | 기본형 | | 가능형 |
|---|---|---|---|
| 1그룹 | 行<sup>い</sup>く(ku)<br>(가다) | → 行<sup>い</sup>け(ke) + る | = 行<sup>い</sup>ける<br>(갈 수 있다) |
| | 飲<sup>の</sup>む(mu)<br>(마시다) | → 飲<sup>の</sup>め(me) + る | = 飲<sup>の</sup>める<br>(마실 수 있다) |
| 2그룹 | 起<sup>お</sup>きる<br>(일어나다) | → 起<sup>お</sup>き~~る~~ + られる | = 起<sup>お</sup>きられる<br>(일어날 수 있다) |
| | 食<sup>た</sup>べる<br>(먹다) | → 食<sup>た</sup>べ~~る~~ + られる | = 食<sup>た</sup>べられる<br>(먹을 수 있다) |
| 3그룹 | する<br>(하다)<br>くる<br>(오다) | → できる<br>(할 수 있다)<br>→ こられる<br>(올 수 있다) | |

☐ 상태, 능력의 변화 표현

| 문형 | 예문 |
|---|---|
| V(기본형)+ように なる<br>(~하게 되다) | 食<sup>た</sup>べられる ように なりました。<br>(먹을 수 있게 되었습니다.) |
| V(ない형)+なく なる<br>(~지 않게 되다) | 食<sup>た</sup>べられなく なりました。<br>(먹을 수 없게 되었습니다.) |

02. 앞서 배운 문장을 일본어로 쓸 수 있는지 테스트를 통해 확인해 보세요. (정답 p.112)

① 피아노를 칠 수 있습니다.

→

② 영어를 말할 수 있습니다.

→

③ 몇 시쯤 올 수 있습니까?

→

④ 운전할 수 있습니까?

→

⑤ 낫토를 먹을 수 있습니까?

→

⑥ 영어를 말할 수 있습니까?

→

⑦ 저는 낫토를 먹지 못합니다.

→

⑧ 저는 아침 일찍 일어나지 못합니다.

→

⑨ 낫토를 먹을 수 있게 되었습니다.

→

⑩ 어머니 요리를 먹을 수 없게 되었습니다.

→

① ピアノが できます。

② 英語を 話す ことが できます。(= 英語が 話せます。)

③ 何時ごろ 来られますか。

④ 運転できますか。

⑤ 納豆が 食べられますか。

⑥ 英語が 話せますか。

⑦ 私は 納豆が 食べられません。

⑧ 私は 朝 早く 起きられません。

⑨ 納豆が 食べられる ように なりました。

⑩ 母の 料理が 食べられなく なりました。

MEMO 틀린 문장이 있을 경우 아래에 몇 번씩 반복해서 써보세요.

# CHAPTER 07

# 동작의 진행, 결과의 상태 말하기

<sup>の</sup>
# ハーブティーを 飲んで います。

## 허브티를 마시고 있습니다.

① 일본어 타동사의 'て형'에 'て いる'를 붙이면, 대부분 '~고 있다'는 '동작의 진행' 표현이 됩니다.

　「Nを 타동사(て형)+て いる」=「~ 을/를 ~ 고 있다」

　ハーブティーを 飲<sub>の</sub>んで います。= 허브티를 마시고 있습니다.

② ハーブティー = 허브티

---

**MP3 듣고 따라 말하며 세 번씩 써보기**　　　　　　　　　　🎧 mp3 103

① _____

② _____

③ _____

---

**응용해서 써본 후 MP3 듣고 따라 말하기**　　　　　　　　　　🎧 mp3 104

① 학생 식당에서 점심밥을 먹고 있습니다. [학생 식당 = 学食<sub>がくしょく</sub>, 점심밥 = 昼<sub>ひる</sub>ごはん]

　→

② 지금 무엇을 하고 있습니까? [지금 = 今<sub>いま</sub>, 무엇 = 何<sub>なに</sub>]

　→

> ① 学食<sub>がくしょく</sub>で 昼<sub>ひる</sub>ごはんを 食<sub>た</sub>べて います。
>
> ② 今<sub>いま</sub> 何<sub>なに</sub>を して いますか。

山田<sup>やま だ</sup>さんは メガネを かけて います。

야마다 씨는 안경을 쓰고 있습니다.

① 일본어 타동사 중 착용(입다, 쓰다, 신다 등)을 나타내는 동사에 'て いる'를 붙이면 '~(착용)한 상태이다'라는 뜻의 '결과의 상태' 표현이 됩니다.

「N を 착용동사(て형)+て いる」=「~ 을/를 ~ 고 있다」

メガネを かけて います。= 안경을 쓰고 있습니다. (안경을 쓴 상태)

② メガネ = 안경, かける = (안경 등을) 쓰다, 걸다 (2그룹 동사)

---

**MP3 듣고 따라 말하며 세 번씩 써보기** 🎧 mp3 105

①

②

③

**응용해서 써본 후 MP3 듣고 따라 말하기** 🎧 mp3 106

① 야마다 씨는 모자를 쓰고 있습니다. [모자 = 帽子<sup>ぼう し</sup>, 쓰다 = かぶる]

　→

② 야마다 씨는 운동화를 신고 있습니다. [운동화 = スニーカー, 신다 = はく]

　→

---

① 山田<sup>やま だ</sup>さんは 帽子<sup>ぼう し</sup>を かぶって います。

② 山田<sup>やま だ</sup>さんは スニーカーを はいて います。

<ruby>子<rt>こ</rt></ruby>どもが <ruby>泣<rt>な</rt></ruby>いて います。

아이가 울고 있습니다.

① 일본어 자동사 중 계속동사(일정 시간 동안 동작이 지속됨)의 'て형'에 'て いる'를 붙이면 '~고 있다'는 뜻의 '동작의 진행' 표현이 됩니다.

「Nが 자동사·계속동사(て형)+て いる」 = 「~ 이/가 ~ 고 있다」

<ruby>子<rt>こ</rt></ruby>どもが <ruby>泣<rt>な</rt></ruby>いて います。= 아이가 울고 있습니다.

② <ruby>泣<rt>な</rt></ruby>く = 울다 (1그룹 동사)

| MP3 듣고 따라 말하며 세 번씩 써보기 | 🎧 mp3 107 |
|---|---|

①

②

③

| 응용해서 써본 후 MP3 듣고 따라 말하기 | 🎧 mp3 108 |
|---|---|

① 아들이 공원에서 놀고 있습니다. [아들 = <ruby>息子<rt>むすこ</rt></ruby>, 공원 = <ruby>公園<rt>こうえん</rt></ruby>, 놀다 = <ruby>遊<rt>あそ</rt></ruby>ぶ]

→

② 비가 오고 있습니다. [비 = <ruby>雨<rt>あめ</rt></ruby>, (비, 눈 등이) 오다, 내리다 = <ruby>降<rt>ふ</rt></ruby>る]

→

① <ruby>息子<rt>むすこ</rt></ruby>が <ruby>公園<rt>こうえん</rt></ruby>で <ruby>遊<rt>あそ</rt></ruby>んで います。

② <ruby>雨<rt>あめ</rt></ruby>が <ruby>降<rt>ふ</rt></ruby>って います。

ドアが 開<sup>あ</sup>いて います。

문이 열려 있습니다.

① 일본어 자동사 중 순간동사(순간적으로 동작이 성립하며, 동작 발생 전후로 변화가 생김)의 'て형'에 'て いる'를 붙이면 '~한 동작이 발생해 결과적으로 그러한 상태이다 → ~어 있다'는 '결과의 상태' 표현이 됩니다.

「N が 자동사·순간동사(て형)+て いる」=「~ 이/가 ~ 어 있다」

ドアが 開<sup>あ</sup>いて います。= 문이 열려 있습니다.

② ドア = 문(door), 開<sup>あ</sup>く = 열리다 (1그룹 동사)

---

**MP3 듣고 따라 말하며 세 번씩 써보기**   　mp3 109

①

②

③

**응용해서 써본 후 MP3 듣고 따라 말하기**   　mp3 110

① 바퀴벌레가 죽어 있습니다. [바퀴벌레 = ゴキブリ, 죽다 = 死<sup>お</sup>ぬ]

　→

② 지갑이 떨어져 있습니다. [지갑 = 財布<sup>さいふ</sup>, 떨어지다 = 落<sup>お</sup>ちる]

　→

---

① ゴキブリが 死<sup>し</sup>んで います。

② 財布<sup>さいふ</sup>が 落<sup>お</sup>ちて います。

<sup>かのじょ</sup> <sup>けっこん</sup>
## 彼女は 結婚して います。

### 그녀는 결혼했습니다.

① '結婚する(결혼하다), 住む(살다), 知る(알다)'의 세 동사는 <u>무조건</u>(동사의 종류에 상관없이)
'て いる'의 형태로 현재의 상태를 나타냅니다.

② 結婚して います。 = 결혼했습니다. (결혼한 상태임)

　住んで います。 = 삽니다, 살고 있습니다. ('住みます' X)

　知って います。 = 압니다, 알고 있습니다. ('知ります' X)

| MP3 듣고 따라 말하며 세 번씩 써보기 | ∩ mp3 111 |
|---|---|

①

②

③

| 응용해서 써본 후 MP3 듣고 따라 말하기 | ∩ mp3 112 |
|---|---|

① 어디에 살고 있습니까? [살다 = 住む]

　→

② 그 사건에 대해 알고 있습니까? [그 사건 = あの 事件, 알다 = 知る]

　→

① どこに 住んで いますか。

② あの 事件に ついて 知って いますか。

ドアが <ruby>開<rt>あ</rt></ruby>けて あります。

문이 (누군가에 의해) 열려져 있습니다.

① 일본어 타동사의 'て형'에 'て ある'를 붙이면 '(누군가에 의해) ~한 동작이 발생해 결과적으로 그
러한 상태이다 → ～어 있다'는 '결과의 상태' 표현이 됩니다. (참고로 'て ある'는 자동사에는 붙여
쓸 수 없음) 그리고 목적어에 붙는 조사 'を'는 'が'로 바뀌게 됩니다.

「Nが 타동사(て형)+て ある」=「～이/가 ～어 있다」

ドアを <ruby>開<rt>あ</rt></ruby>ける → ドアが <ruby>開<rt>あ</rt></ruby>けて あります。= 문이 열려져 있습니다.

② 'て ある'는 누군가의 의도로 현재의 상태가 되었음을 표현할 때 사용합니다.

| MP3 듣고 따라 말하며 세 번씩 써보기 | 🎧 mp3 113 |
|---|---|

①

②

③

| 응용해서 써본 후 MP3 듣고 따라 말하기 | 🎧 mp3 114 |
|---|---|

① 꽃이 장식되어 있습니다. [꽃 = <ruby>花<rt>はな</rt></ruby>, 장식하다 = <ruby>飾<rt>かざ</rt></ruby>る]

→

② 에어컨이 켜져 있습니다. [에어컨 = エアコン, 켜다 = つける]

→

① <ruby>花<rt>はな</rt></ruby>が <ruby>飾<rt>かざ</rt></ruby>って あります。

② エアコンが つけて あります。

ドアを 開<sup>あ</sup>けて おきました。

문을 열어 두었습니다.

① 'て형'에 'て おく'를 붙이면 '목적을 위해 어떤 행위를 해 둔다'라는 뜻의 '준비 표현'이 되며, 한국어로는 '~해 두다, ~해 놓다'로 해석됩니다.

「V(て형)+て おく」=「~해 두다, ~해 놓다」

ドアを 開<sup>あ</sup>けて おきました。= 문을 열어 두었습니다.

② 회화체에서는 'て おく' 대신에 'とく'를 사용하는 경우가 많습니다.

開<sup>あ</sup>けて おく。→ 開<sup>あ</sup>けとく。

| MP3 듣고 따라 말하며 세 번씩 써보기 | ○mp3 115 |
|---|---|

①

②

③

| 응용해서 써본 후 MP3 듣고 따라 말하기 | ○mp3 116 |
|---|---|

① 꽃을 장식해 두었습니다.

→

② 에어컨을 켜 두었습니다.

→

① 花<sup>はな</sup>を 飾<sup>かざ</sup>って おきました。

② エアコンを つけて おきました。

01. 앞서 배운 문형을 복습해 봅시다.

□ 동작의 진행, 결과의 상태 표현

|  | Vている |  |  |  | Vてある |
|---|---|---|---|---|---|
| ~を 타동사 | | ~が 자동사 | | ~が 타동사 | |
| 진행 | 결과의 상태 | 진행 | 결과의 상태 | 결과의 상태 | |
| 대다수의 타동사 | 착용동사 | 계속동사 | 순간동사 | 대다수의 타동사 | |
| ドアを<br>開けている。<br>문을<br>열고 있다. | メガネを<br>かけている。<br>안경을<br>쓰고 있다. | 子どもが<br>泣いている。<br>아이가<br>울고 있다. | ドアが<br>開いている。<br>문이<br>열려 있다. | ドアが<br>開けてある。<br>문이<br>열려져 있다. | |

□ 자/타동사의 '결과의 상태' 표현 비교

~が (자동사) ている

ドアが 開いた。
(바람/동물 등에 의해) 문이 열렸다.

ドアが 開いている。
(그 결과) 문이 열려 있다.

~が (타동사) てある

ドアを 開けておいた。
(누군가가 어떤 목적을 위해 의도적으로) 문을 열어 두었다.

ドアが 開けてある。
(그 결과) 문이 열려져 있다.

02. 앞서 배운 문장을 일본어로 쓸 수 있는지 테스트를 통해 확인해 보세요. (정답 p.123)

① 허브티를 마시고 있습니다.

→

② 지금 무엇을 하고 있습니까?

→

③ 야마다 씨는 안경을 쓰고 있습니다.

→

④ 아이가 울고 있습니다.

→

⑤ 문이 열려 있습니다.

→

⑥ 그녀는 결혼했습니다.

→

⑦ 어디에 살고 있습니까?

→

⑧ 그 사건에 대해 알고 있습니까?

→

⑨ 문이 (누군가에 의해) 열려져 있습니다.

→

⑩ 문을 열어 두었습니다.

→

① ハーブティーを 飲んで います。

② 今 何を して いますか。

③ 山田さんは メガネを かけて います。

④ 子どもが 泣いて います。

⑤ ドアが 開いて います。

⑥ 彼女は 結婚して います。

⑦ どこに 住んで いますか。

⑧ あの 事件に ついて 知って いますか。

⑨ ドアが 開けて あります。

⑩ ドアを 開けて おきました。

---

MEMO 틀린 문장이 있을 경우 아래에 몇 번씩 반복해서 써보세요.

# CHAPTER 08

# 주고받는 행위에 대해 말하기

私 は 友<sup>とも</sup>だちに ノートパソコンを あげました 。

나는 친구에게 노트북을 주었습니다.

① 'あげる(주다)'는 '나, 혹은 나와 가까운 사람'이 '타인'에게 물건을 줄 경우 사용하는 표현입니다.

② 「(주는 사람 = <u>나</u>)は/が (받는 사람)に Nを あげる」

= 「나는/내가 ~ 에게 ~ 을/를 주다」

私<sup>わたし</sup>は 友<sup>とも</sup>だちに ノートパソコンを あげました。

= 나는 친구에게 노트북을 주었습니다.

---

**MP3 듣고 따라 말하며 세 번씩 써보기**  🎧 mp3 117

①

②

③

**응용해서 써본 후 MP3 듣고 따라 말하기**  🎧 mp3 118

① 나는 기무라 씨에게 넥타이를 주었습니다. [기무라 = 木村<sup>き む ら</sup>, 넥타이 = ネクタイ]

→

② 나는 남자친구에게 운동화를 주었습니다. [남자친구 = 彼氏<sup>かれ し</sup>, 운동화 = スニーカー]

→

---

① 私<sup>わたし</sup>は 木村<sup>き む ら</sup>さんに ネクタイを あげました。

② 私<sup>わたし</sup>は 彼氏<sup>かれ し</sup>に スニーカーを あげました。

姉が 田中さんに 義理チョコを あげました。

누나가 다나카 씨에게 의리초코를 주었습니다.

① 「(주는 사람 = 나와 가까운 사람)은/가 (받는 사람)에 N을 あげる」

   = 「 ~ 은·는/~ 이·가 ~ 에게 ~ 을/를 주다」

   姉が 田中さんに 義理チョコを あげました。

   = 누나가 다나카 씨에게 의리초코를 주었습니다.

② 義理チョコ = 여성이 연애 감정이 없는 남성(예: 직장동료)에게 선물하는 초콜릿, 즉, '의리초코'
   를 뜻합니다.

---

**MP3 듣고 따라 말하며 세 번씩 써보기**  🎧 mp3 119

①

②

③

**응용해서 써본 후 MP3 듣고 따라 말하기**  🎧 mp3 120

① 다나카 씨가 선생님에게 꽃을 주었습니다. [선생님 = 先生, 꽃 = 花]

   →

② 누나가 다나카 씨에게 케이크를 주었습니다. [누나, 언니 = 姉, 케이크 = ケーキ]

   →

---

① 田中さんが 先生に 花を あげました。

② 姉が 田中さんに ケーキを あげました。

友だちが 私に ノートパソコンを くれました。
とも　　　　わたし

친구가 나에게 노트북을 주었습니다.

① 'くれる(주다)'는 '타인'이 '나/나와 가까운 사람'에게 물건을 줄 때 사용하는 표현입니다.

② 「(주는 사람)は/が 私(받는 사람 = 나)に Nを くれる」
わたし

＝「~ 은·는/~ 이·가 나에게 ~ 을/를 주다」

友だちが 私に ノートパソコンを くれました。
とも　　　わたし

＝ 친구가 나에게 노트북을 주었습니다.

---

| MP3 듣고 따라 말하며 세 번씩 써보기 | 🎧 mp3 121 |
|---|---|

①

②

③

| 응용해서 써본 후 MP3 듣고 따라 말하기 | 🎧 mp3 122 |
|---|---|

① 다카하시 씨가 나에게 책을 주었습니다. [다카하시 = 高橋, 책 = 本]
たかはし　　ほん

→

② 남자친구가 나에게 꽃을 주었습니다. [남자친구 = 彼氏, 꽃 = 花]
かれ し　　はな

→

① 高橋さんが 私に 本を くれました。
たかはし　　わたし　ほん

② 彼氏が 私に 花を くれました。
かれ し　わたし　はな

高橋さんが 息子に おもちゃを くれました。
たかはし　　　　むすこ

다카하시 씨가 (내) 아들에게 장난감을 주었습니다.

① 「(주는 사람)은·는/가 (받는 사람 = 나와 가까운 사람)에 N을 くれる」

= 「~ 은·는/~ 이·가 ~ 에게 ~ 을/를 주다」

高橋さんが 息子に おもちゃを くれました。
たかはし　　　　むすこ

= 다카하시 씨가 (내) 아들에게 장난감을 주었습니다.

② 息子 = (내) 아들, おもちゃ = 장난감
むすこ

---

**MP3 듣고 따라 말하며 세 번씩 써보기**　　　　　　　🎧 mp3 123

①

②

③

**응용해서 써본 후 MP3 듣고 따라 말하기**　　　　　　🎧 mp3 124

① 남자친구가 (내) 여동생에게 과자를 주었습니다. [과자 = お菓子]
　　　　　　　　　　　　　　　　　　　　　　　　　　　か　し

　→

② 야마다 씨가 내 남동생에게 운동화를 주었습니다.

　→

> ① 彼氏が 妹に お菓子を くれました。
> 　かれし　いもうと　か し
> ② 山田さんが 弟に スニーカーを くれました。
> 　やまだ　　　おとうと

私は 友だちに ノートパソコンを もらいました。

나는 친구에게 노트북을 받았습니다.

① 'もらう(받다)'는 '나/나와 가까운 사람'이 '타인'으로부터 물건을 받을 경우 사용하는 표현입니다.

②「(받는 사람 = 나/나와 가까운 사람)は/が (주는 사람)に Nを もらう」

= 「～은·는/～이·가 ～에게 ～을/를 받다」

私は 友だちに ノートパソコンを もらいました。

= 나는 친구에게 노트북을 받았습니다.

| MP3 듣고 따라 말하며 세 번씩 써보기 | mp3 125 |
|---|---|

①

②

③

| 응용해서 써본 후 MP3 듣고 따라 말하기 | mp3 126 |
|---|---|

① 나는 박 씨에게 넥타이를 받았습니다. [박 씨 = パクさん]

→

② 나는 여자친구에게 운동화를 받았습니다.

→

① 私は パクさんに ネクタイを もらいました。

② 私は 彼女に スニーカーを もらいました。

<ruby>私<rt>わたし</rt></ruby> は <ruby>鈴木<rt>すずき</rt></ruby>さんに <ruby>本<rt>ほん</rt></ruby>を <ruby>貸<rt>か</rt></ruby>して あげました。

나는 스즈키 씨에게 책을 빌려주었습니다.

① 'V(て형)て あげる(~ 해 주다)'는 '나/나와 가까운 사람'이 '타인'에게 도움이 되는 행위를 한다는 것을 나타냅니다.

② 「(주는 사람 = 나/나와 가까운 사람)は/が (받는 사람)に V(て형)+て あげる」

＝「~ 은·는/ ~ 이·가 ~ 에게 ~ 해 주다」

<ruby>私<rt>わたし</rt></ruby> は <ruby>鈴木<rt>すずき</rt></ruby>さんに <ruby>本<rt>ほん</rt></ruby>を <ruby>貸<rt>か</rt></ruby>して あげました。

＝ 나는 스즈키 씨에게 책을 빌려주었습니다.

---

**MP3 듣고 따라 말하며 세 번씩 써보기**　　　　　　🎧 mp3 127

①

②

③

**응용해서 써본 후 MP3 듣고 따라 말하기**　　　　　　🎧 mp3 128

① 나는 친구에게 빵을 만들어 주었습니다. [빵 = パン, 만들다 = <ruby>作<rt>つく</rt></ruby>る]

　→

② 나는 남자친구에게 스웨터를 떠 주었습니다. [스웨터 = セーター, 뜨다, 짜다 = <ruby>編<rt>あ</rt></ruby>む]

　→

---

① <ruby>私<rt>わたし</rt></ruby> は <ruby>友<rt>とも</rt></ruby>だちに パンを <ruby>作<rt>つく</rt></ruby>って あげました。

② <ruby>私<rt>わたし</rt></ruby> は <ruby>彼氏<rt>かれし</rt></ruby>に セーターを <ruby>編<rt>あ</rt></ruby>んで あげました。

---

パクさんが 私<ruby>わたし</ruby>に 本<ruby>ほん</ruby>を 貸<ruby>か</ruby>して くれました。

---

박 씨가 나에게 책을 빌려주었습니다.

① 'V(て형)て くれる(~해 주다)'는 '타인'이 '나/나와 가까운 사람'에게 도움이 되는 행위를 한다는 것을 나타냅니다.

② 「(주는 사람 = 타인)は/が (받는 사람 = 나/나와 가까운 사람)に V(て형)+て くれる」

= 「~은 는/~이·가 ~에게 ~해 주다」

パクさんが 私<ruby>わたし</ruby>に 本<ruby>ほん</ruby>を 貸<ruby>か</ruby>して くれました。

= 박 씨가 나에게 책을 빌려주었습니다.

| MP3 듣고 따라 말하며 세 번씩 써보기 | 🎧 mp3 129 |
|---|---|

①

②

③

| 응용해서 써본 후 MP3 듣고 따라 말하기 | 🎧 mp3 130 |
|---|---|

① 친구가 나에게 빵을 만들어 주었습니다.

→

② 여자친구가 나에게 스웨터를 짜 주었습니다.

→

---

① 友<ruby>とも</ruby>だちが 私<ruby>わたし</ruby>に パンを 作<ruby>つく</ruby>って くれました。

② 彼女<ruby>かのじょ</ruby>が 私<ruby>わたし</ruby>に セーターを 編<ruby>あ</ruby>んで くれました。

---

私は パクさんに 本を 貸して もらいました。

나는 박 씨에게 책을 빌렸습니다.

① 'V(て형)て もらう(~해 받다)'는 '나/나와 가까운 사람'이 '타인'에게 도움이 되는 행위를 받는다는 것을 나타냅니다. (한국어로는 주어를 바꿔 '~해 주다'라고 번역하는 것이 자연스러움)

② 「(받는 사람 = 나/나와 가까운 사람)は/が (주는 사람 = 타인)に V(て형)+て もらう」

= 「~ 은·는/~ 이·가 ~ 에게 ~ 해 받다」

私は パクさんに 本を 貸して もらいました。

= 나는 박 씨에게 책을 빌렸습니다.

| MP3 듣고 따라 말하며 세 번씩 써보기 | 🎧 mp3 131 |
|---|---|

①

②

③

| 응용해서 써본 후 MP3 듣고 따라 말하기 | 🎧 mp3 132 |
|---|---|

① 나는 친구에게 빵을 만들어 받았습니다. (= 친구가 나에게 빵을 만들어 주었습니다.)

→

② 나는 여자친구에게 스웨터를 짜 받았습니다. (= 여자친구가 나에게 스웨터를 짜 주었습니다.)

→

---

① 私は 友だちに パンを 作って もらいました。

② 私は 彼女に セーターを 編んで もらいました。

01. 앞서 배운 문형을 복습해 봅시다.

☐ 주고받는(수수) 표현

| 주다 | | 받다 |
|---|---|---|
| 나* → 타인 | 타인 → 나* | 나* ← 타인 |
| あげる<br>(내가 타인에게) 주다 | くれる<br>(타인이 나에게) 주다 | もらう<br>(내가 타인에게) 받다 |
| <ruby>私<rt>わたし</rt></ruby> は <ruby>友<rt>とも</rt></ruby>だちに<br>ペンを あげる。<br>나는 친구에게 펜을 준다. | <ruby>友<rt>とも</rt></ruby>だちは <ruby>私<rt>わたし</rt></ruby> に<br>ペンを くれる。<br>친구는 나에게 펜을 준다. | <ruby>私<rt>わたし</rt></ruby> は <ruby>友<rt>とも</rt></ruby>だちに<br>ペンを もらう。<br>나는 친구에게 펜을 받는다. |

※ '나'에는 '나와 친근한 사람'이 포함됩니다.

※ 일본어는 '주다'라는 표현에 'あげる(내가 타인에게 주다)', 'くれる(타인이 나에게 주다)', 이렇게 두 종류가 있다는 것에 유의해야 합니다. 이를 도식으로 살펴보면 아래와 같습니다.

☐ 가족 명칭 (타인에게 내 가족에 대해 말할 때)

| 아버지 | 어머니 | 형/오빠 | 누나/언니 | 남동생 | 여동생 |
|---|---|---|---|---|---|
| 父 | 母 | 兄 | 姉 | 弟 | 妹 |
| ちち | はは | あに | あね | おとうと | いもうと |

02. 앞서 배운 문장을 일본어로 쓸 수 있는지 테스트를 통해 확인해 보세요. (정답 p.136)

① 나는 친구에게 노트북을 주었습니다.

→

② 나는 남자친구에게 운동화를 주었습니다.

→

③ 누나가 다나카 씨에게 의리초코를 주었습니다.

→

④ 다나카 씨가 선생님에게 꽃을 주었습니다.

→

⑤ 친구가 나에게 노트북을 주었습니다.

→

⑥ 다카하시 씨가 (내) 아들에게 장난감을 주었습니다.

→

⑦ 나는 친구에게 노트북을 받았습니다.

→

⑧ 나는 스즈키 씨에게 책을 빌려주었습니다.

→

⑨ 박 씨가 나에게 책을 빌려주었습니다.

→

⑩ 나는 박 씨에게 책을 빌렸습니다.

→

① 私は 友だちに ノートパソコンを あげました 。

② 私は 彼氏に スニーカーを あげました。

③ 姉が 田中さんに 義理チョコを あげました 。

④ 田中さんが 先生に 花を あげました。

⑤ 友だちが 私に ノートパソコンを くれました。

⑥ 高橋さんが 息子に おもちゃを くれました。

⑦ 私は 友だちに ノートパソコンを もらいました。

⑧ 私は 鈴木さんに 本を 貸して あげました。

⑨ パクさんが 私に 本を 貸して くれました。

⑩ 私は パクさんに 本を 貸して もらいました。

---

MEMO 틀린 문장이 있을 경우 아래에 몇 번씩 반복해서 써보세요.

# CHAPTER 09

# 권유, 의지, 예정
# 말하기

<べんきょう>
# まじめに 勉強しよう。

### 성실히 공부해야지(공부하자).

① 동사에 '(よ)う'를 붙이면 '[1] 말하는 사람의 의지(독백), [2] 친한 사이에서의 권유 표현'이 됩니다. 이때의 동사 활용형을 '의지형'이라고 하며, 의지와 권유 중 어떤 의미로 쓰였는지는 문맥으로 판단합니다.

② [3그룹 동사의 의지형]

- する (하다) → し + よう = しよう (해야지/하자)
- くる (오다) → こ + よう = こよう (와야지/오자)

---

**MP3 듣고 따라 말하며 세 번씩 써보기**　　　　　🎧 mp3 133

①

②

③

---

**응용해서 써본 후 MP3 듣고 따라 말하기**　　　　　🎧 mp3 134

① 매일 운동해야지(운동하자). [매일 = 毎日(まいにち), 운동하다 = 運動(うんどう)する]

　→

② 또 와야지(오자). [또 = また]

　→

---

① 毎日(まいにち) 運動(うんどう)しよう。

② また 来(こ)よう。

<ruby>野菜<rt>や さい</rt></ruby>を たくさん <ruby>食<rt>た</rt></ruby>べよう。

야채를 많이 먹어야지(먹자).

① [2그룹 동사의 의지형] 기본형의 어미 'る'를 없앤 후 'よう'를 붙인 형태입니다.

- <ruby>起<rt>お</rt></ruby>きる (일어나다) → <ruby>起<rt>お</rt></ruby>き~~る~~ + よう = <ruby>起<rt>お</rt></ruby>きよう (일어나야지/일어나자)
- <ruby>食<rt>た</rt></ruby>べる (먹다)   → <ruby>食<rt>た</rt></ruby>べ~~る~~ + よう = <ruby>食<rt>た</rt></ruby>べよう (먹어야지/먹자)

② <ruby>野菜<rt>や さい</rt></ruby> = 야채

| MP3 듣고 따라 말하며 세 번씩 써보기 | ∩ mp3 135 |
|---|---|

①

②

③

| 응용해서 써본 후 MP3 듣고 따라 말하기 | ∩ mp3 136 |
|---|---|

① 아침 일찍 일어나야지(일어나자). [아침 = <ruby>朝<rt>あさ</rt></ruby>, 일찍 = <ruby>早<rt>はや</rt></ruby>く]

→

② 내일 영화 봐야지(영화 보자). [내일 = <ruby>明日<rt>あ した</rt></ruby>, 영화 = <ruby>映画<rt>えい が</rt></ruby>]

→

① <ruby>朝<rt>あさ</rt></ruby> <ruby>早<rt>はや</rt></ruby>く <ruby>起<rt>お</rt></ruby>きよう。

② <ruby>明日<rt>あ した</rt></ruby> <ruby>映画<rt>えい が</rt></ruby> <ruby>見<rt>み</rt></ruby>よう。

## そろそろ 帰<sup>かえ</sup>ろう。

술슬 돌아가야지(돌아가자).

① [1그룹 동사의 의지형] 기본형의 마지막 음절을 'お단(o모음)'으로 바꾼 뒤 'う'를 붙인 형태입니다.

② 帰<sup>かえ</sup>る(ru) (돌아가다) → 帰<sup>かえ</sup>ろ(ro)＋う = 帰ろう (돌아가야지/돌아가자)

　行<sup>い</sup>く(ku) (가다)　→ 行<sup>い</sup>こ(ko)＋う = 行こう (가야지/가자)

| MP3 듣고 따라 말하며 세 번씩 써보기 | ∩ mp3 137 |
|---|---|

①

②

③

| 응용해서 써본 후 MP3 듣고 따라 말하기 | ∩ mp3 138 |
|---|---|

① 내일 영화를 보러 가자.

　→

② 이제부터는 일본어로 이야기하자. [이제부터 = これから, 이야기하다 = 話<sup>はな</sup>す]

　→

① 明日<sup>あした</sup> 映画<sup>えいが</sup>を 見<sup>み</sup>に 行<sup>い</sup>こう。

② これからは 日本語<sup>にほんご</sup>で 話<sup>はな</sup>そう。

<sup>に ほん</sup> <sup>りゅうがく</sup> <sup>おも</sup>
日本へ 留学しようと 思います。

일본에 유학하려고 합니다.

① 동사의 '의지형'에 'と 思う'를 붙이면 '~하려고 (생각)한다'라는 의지 표현이 됩니다. (현시점에서의 판단, 결심)

「V(의지형) + と 思う」=「~하려 한다」

<sup>りゅうがく</sup> <sup>おも</sup>
留学しようと 思います。 = 유학하려고 합니다.

② 思う = 생각하다 (1그룹 동사), 留学する = 유학하다 (3그룹 동사)

| MP3 듣고 따라 말하며 세 번씩 써보기 | 🎧 mp3 139 |
|---|---|

①

②

③

| 응용해서 써본 후 MP3 듣고 따라 말하기 | 🎧 mp3 140 |
|---|---|

① 슬슬 돌아가려고 합니다.

→

② 여자친구와 결혼하려고 합니다. [결혼하다 = <sup>けっこん</sup> 結婚する]

→

① そろそろ <sup>かえ</sup>帰ろうと <sup>おも</sup>思います。
② <sup>かのじょ</sup>彼女と <sup>けっこん</sup>結婚しようと <sup>おも</sup>思います。

<u>山田</u>さんは お<u>酒</u>を やめようと <u>思</u>って います。

やまだ 씨는 술을 끊으려고 생각하고 있습니다.

① 동사의 '의지형'에 'と <u>思</u>って いる'를 붙이면 '~하려고 생각하고 있다'라는 의지 표현이 됩니다.

(일정 기간 유지해 온 결심)

「V(의지형) + と <u>思</u>って いる」 = 「~하려고 생각하고 있다」

お<u>酒</u>を <u>やめよう</u>と <u>思</u>って います。 = 술을 끊으려고 생각하고 있습니다.

② やめる = 끊다, 그만두다 (2그룹 동사)

---

**MP3 듣고 따라 말하며 세 번씩 써보기**　　　　　　　　　　🎧 mp3 141

①

②

③

**응용해서 써본 후 MP3 듣고 따라 말하기**　　　　　　　　　🎧 mp3 142

① 차를 사려고 생각하고 있습니다. [차 = <u>車</u>, 사다 = <u>買</u>う]

　　→

② 체육관에 다니려고 생각하고 있습니다. [체육관 = ジム, 다니다 = <u>通</u>う]

　　→

---

① <u>車</u>を <u>買</u>おうと <u>思</u>って います。

② ジムに <u>通</u>おうと <u>思</u>って います。

期限を 守る ように します。

기한을 지키도록 하겠습니다.

① 동사의 '기본형'에 'ように する'를 붙이면 '~하도록 하다, 꼭 ~하다'라는 뜻이 되며, 이는 말하

는 사람의 '노력, 명심'을 나타내는 표현입니다.

　　「V(기본형) + ように する」 = 「~하도록 하다」

　　守る ように します。 = 지키도록 하겠습니다.

② 期限 = 기한, 守る = 지키다, 보호하다 (1그룹 동사)


| MP3 듣고 따라 말하며 세 번씩 써보기 | 🎧 mp3 143 |
|---|---|

① _____

② _____

③ _____


| 응용해서 써본 후 MP3 듣고 따라 말하기 | 🎧 mp3 144 |
|---|---|

① 열심히 공부하도록 하겠습니다. [열심히 = 一生懸命に, 공부하다 = 勉強する]

　　→ _____

② 야채를 많이 먹도록 하겠습니다.

　　→ _____

---

① 一生懸命に 勉強する ように します。

② 野菜を たくさん 食べる ように します。

これからは 遅刻<sup>ちこく</sup>しない ように します。

**이제부터는** 지각하지 않도록 하겠습니다.

① 동사의 'ない형'에 'ように する'를 붙이면 '~지 않도록 하다'라는 뜻의 말하는 사람의 '노력, 명심'을 나타내는 표현이 됩니다.

「V(ない형)＋ように する」＝「~지 않도록 하다」

遅刻<sup>ちこく</sup>しない ように します。＝ 지각하지 않도록 하겠습니다.

② 遅刻<sup>ちこく</sup>する = 지각하다 (3그룹 동사)

| MP3 듣고 따라 말하며 세 번씩 써보기 | ∩ mp3 145 |
|---|---|

①

②

③

| 응용해서 써본 후 MP3 듣고 따라 말하기 | ∩ mp3 146 |
|---|---|

① 술을 마시지 않도록 하겠습니다. [마시다 = 飲<sup>の</sup>む]

→

② 담배를 피우지 않도록 하겠습니다. [담배 = たばこ, 피우다 = 吸<sup>す</sup>う]

→

① お酒<sup>さけ</sup>を 飲<sup>の</sup>まない ように します。

② たばこを 吸<sup>す</sup>わない ように します。

できるだけ 野菜を 食べる ように して ください。
<small>や さい</small> <small>た</small>

가능한 한 야채를 먹도록 해 주세요.

① 동사의 '기본형'에 'ように して ください'를 붙이면 '~하도록 해 주세요'라는 뜻의 상대에 대한 '충고, 권고'를 나타내는 표현이 됩니다.

「V(기본형)+ ように して ください」=「~하도록 해 주세요」

野菜を 食べる ように して ください。= 야채를 먹도록 해 주세요.
<small>や さい</small> <small>た</small>

② できるだけ = '가능한 한, 가급적'이라는 뜻의 부사

| MP3 듣고 따라 말하며 세 번씩 써보기 | 🎧 mp3 147 |
|---|---|

① 

② 

③ 

| 응용해서 써본 후 MP3 듣고 따라 말하기 | 🎧 mp3 148 |
|---|---|

① 가능한 한 일찍 자도록 해 주세요. [자다 = 寝る]
<small>ね</small>

　→

② 매일 운동하도록 해 주세요. [매일 = 毎日]
<small>まいにち</small>

　→

---

① できるだけ 早く 寝る ように して ください。
<small>はや</small> <small>ね</small>

② 毎日 運動する ように して ください。
<small>まいにち</small> <small>うんどう</small>

<sup>がいしょく</sup>
**外食は しない ように して ください。**

**외식은 하지 않도록 해 주세요.**

① 동사의 'ない형'에 'ない ように して ください'를 붙이면 '~지 않도록 해 주세요'라는 뜻의
상대에 대한 '충고, 권고'를 나타내는 표현이 됩니다.

「V(ない형) + ない ように して ください」 = 「~ 지 않도록 해 주세요」

<sup>がいしょく</sup>
外食は しない ように して ください。 = 외식은 하지 않도록 해 주세요.

② <sup>がいしょく</sup>外食 = 외식


MP3 듣고 따라 말하며 세 번씩 써보기　　　　　　　　　　　🎧 mp3 149

①

②

③

응용해서 써본 후 MP3 듣고 따라 말하기　　　　　　　　　　🎧 mp3 150

① 매운 것은 먹지 않도록 해 주세요. [매운 것 = <sup>から</sup>辛いもの]

　　→

② 무리하지 않도록 해 주세요. [무리하다 = <sup>む り</sup>無理する]

　　→

① <sup>から</sup>辛いものは <sup>た</sup>食べない ように してください。

② <sup>む り</sup>無理しない ように して ください。

146

週末に デパートへ 行く つもりです。

주말에 백화점에 갈 예정입니다.

① 동사의 '기본형'에 'つもりだ'를 붙이면 '~할 예정이다, ~할 생각이다'라는 '의지, 예정' 표현이 됩니다. 'V(의지형)と 思う' 표현보다 구체적이고 실현 가능성이 높은 경우 사용합니다.

「V(기본형) + つもりだ」=「~할 예정이다」

行く つもりです。= 갈 예정입니다.

② 週末 = 주말

---

①

②

③

① 주말에 여행하러 갈 예정입니다. [여행 = 旅行]

→

② 9월에 이사할 예정입니다. [9월 = 9月, 이사하다 = 引っ越す]

→

① 週末に 旅行に 行く つもりです。

② 9月に 引っ越す つもりです。

こ と し　 く に　　　かえ
# 今年は 国に 帰らない つもりです。

## 올해는 고향에 돌아가지 않을 예정입니다.

① 동사의 'ない형'에 'ない つもりだ'를 붙이면 '~지 않을 예정이다, ~지 않을 생각이다'라는 뜻이
되며, 이는 말하는 사람의 '의지, 예정' 표현입니다.

「V(ない형) + ない つもりだ」=「~지 않을 예정이다」

かえ
帰らない つもりです。= 돌아가지 않을 예정입니다.

こ と し　　　　　く に
② 今年 = 올해, 国 = 고향, 고국, 나라

---

**MP3 듣고 따라 말하며 세 번씩 써보기**　　　　　　　　　🎧 mp3 153

①

②

③

**응용해서 써본 후 MP3 듣고 따라 말하기**　　　　　　　　🎧 mp3 154

① 오늘 학교에는 가지 않을 예정입니다. [오늘 = 今日, 학교 = 学校]

→

② 당분간 일하지 않을 예정입니다. [당분간 = しばらく, 일하다 = 働く]

→

きょう　がっこう　　　　　　い
① 今日 学校には 行かない つもりです。

はたら
② しばらく 働かない つもりです。

01. 앞서 배운 문형을 복습해 봅시다.

□ 동사 그룹별 의지형 (의지, 권유)

| 동사의 종류 | 기본형 | | Vない형+ない |
|---|---|---|---|
| 1그룹 | 行く(ku) (가다) | → 行こ(ko)+う | = 行こう (가야지/가자) |
| | 買う(u) (사다) | → 買お(o)+う | = 買おう (사야지/사자) |
| 2그룹 | 見る (보다) | → 見る̸+よう | = 見よう (봐야지/보자) |
| | 食べる (먹다) | → 食べる̸+よう | = 食べよう (먹어야지/먹자) |
| 3그룹 | する (하다) | → し+よう | = しよう (해야지/하자) |
| | くる (오다) | → こ+よう | = こよう (와야지/오자) |

□ 의지, 예정 표현 문형

| 문형 | 예문 |
|---|---|
| V(의지형)+と思う<br>(~ 하려고 한다) | 帰ろうと 思います。<br>(돌아가려고 합니다.) |
| V(기본형)+ようにする<br>(~ 하도록 한다/노력, 명심) | 一生懸命に 勉強する ようにします。<br>(열심히 공부하도록 하겠습니다.) |
| V(ない형)+ないようにする<br>(~ 지 않도록 한다/노력, 명심) | お酒を 飲まない ようにします。<br>(술을 마시지 않도록 하겠습니다.) |
| V(기본형)+つもりだ<br>(~ 할 예정이다) | 旅行に 行く つもりです。<br>(여행하러 갈 예정입니다.) |
| V(ない형)+ないつもりだ<br>(~ 지 않을 예정이다) | 学校に 行かない つもりです。<br>(학교에 가지 않을 예정입니다.) |

02. 앞서 배운 문장을 일본어로 쓸 수 있는지 테스트를 통해 확인해 보세요.　(정답 p.151)

① 성실히 공부해야지(공부하자).

　→

② 야채를 많이 먹어야지(먹자).

　→

③ 슬슬 돌아가야지(돌아가자).

　→

④ 야마다 씨는 술을 끊으려고 생각하고 있습니다.

　→

⑤ 기한을 지키도록 하겠습니다.

　→

⑥ 이제부터는 지각하지 않도록 하겠습니다.

　→

⑦ 가능한 한 야채를 먹도록 해 주세요.

　→

⑧ 외식은 하지 않도록 해 주세요.

　→

⑨ 주말에 백화점에 갈 예정입니다.

　→

⑩ 올해는 고향에 돌아가지 않을 예정입니다.

　→

① まじめに 勉強 しよう。

② 野菜を たくさん 食べよう。

③ そろそろ 帰ろう。

④ 山田さんは お酒を やめようと 思って います。

⑤ 期限を 守る ように します。

⑥ これからは 遅刻しない ように します。

⑦ できるだけ 野菜を 食べる ように して ください。

⑧ 外食 は しない ように して ください。

⑨ 週末に デパートへ 行く つもりです。

⑩ 今年は 国に 帰らない つもりです。

---

MEMO 틀린 문장이 있을 경우 아래에 몇 번씩 반복해서 써보세요.

# CHAPTER 10

# 보통체(반말체)로
# 말하기 - 1

<sub>きょう</sub> <sub>やす</sub>
**今日は 休みだ。**

**오늘은 휴일이다.**

명사 뒤에 'だ'를 붙이면 '~이다(비과거/긍정)'라는 뜻의 '보통체' 표현이 됩니다. '보통체'란 친구나 가까운 사이에서 사용하는 문체로서 'です/ます'를 붙이지 않은 문체를 말합니다.

「N + だ」 = 「~ 이다」

<sub>やす</sub>
休みだ。 = 휴일이다.

---

**MP3 듣고 따라 말하며 세 번씩 써보기** ⋂ mp3 155

① 

② 

③ 

**응용해서 써본 후 MP3 듣고 따라 말하기** ⋂ mp3 156

① 화재의 원인은 담배이다. [불, 화재 = 火事, 원인 = 原因, 담배 = たばこ]

　→

② 그는 독감이다. [인플루엔자, 독감 = インフルエンザ]

　→

---

① <sub>か じ</sub> <sub>げんいん</sub>火事の 原因は たばこだ。

② <sub>かれ</sub>彼は インフルエンザだ。

今日は 休みじゃ ない。

오늘은 휴일이 아니다.

명사 뒤에 'じゃ ない'를 붙이면 ' ~ 이/가 아니다(비과거/부정)'라는 뜻의 '보통체' 표현이 됩니다. 또한 이 표현은 뒤에 오는 명사를 수식할 수 있습니다.

「N + じゃ ない」 = 「 ~ 이/가 아니다, ~ 이/가 아닌」

休みじゃ ない。 = 휴일이 아니다.

| MP3 듣고 따라 말하며 세 번씩 써보기 | 🎧 mp3 157 |
|---|---|

①

②

③

| 응용해서 써본 후 MP3 듣고 따라 말하기 | 🎧 mp3 158 |
|---|---|

① 화재의 원인은 담배가 아니다.

→

② 그는 독감이 아니다.

→

① 火事の 原因は たばこじゃ ない。

② 彼は インフルエンザじゃ ない。

かれ はんにん
## 彼が 犯人だった。

## 그가 범인이었다.

명사 뒤에 'だった'를 붙이면 '~ 이었다(과거/긍정)'라는 뜻의 '보통체' 표현이 됩니다. 또한 이 표현은 뒤에 오는 명사를 수식할 수 있습니다.

「N + だった」 = 「~ 이었다, ~ 이었던」

犯人だった。 = 범인이었다.

| MP3 듣고 따라 말하며 세 번씩 써보기 | ○ mp3 159 |
|---|---|

① 

② 

③ 

| 응용해서 써본 후 MP3 듣고 따라 말하기 | ○ mp3 160 |
|---|---|

① 화재의 원인은 담배였다.

→

② 그는 독감이었다.

→

① 火事の 原因は たばこだった。

② 彼は インフルエンザだった。

かれ はんにん
**彼は** 犯人じゃ なかった。

그는 범인이 아니었다.

명사 뒤에 'じゃ なかった'를 붙이면 '~ 이/가 아니었다(과거/부정)'라는 뜻의 '보통체' 표현이 됩니다.

또한 이 표현은 뒤에 오는 명사를 수식할 수 있습니다.

「N + じゃ なかった」 = 「~ 이/가 아니었다, ~ 이/가 아니었던」

はんにん
犯人じゃ なかった。 = 범인이 아니었다.

---

**MP3 듣고 따라 말하며 세 번씩 써보기** 🎧 mp3 161

① _____

② _____

③ _____

**응용해서 써본 후 MP3 듣고 따라 말하기** 🎧 mp3 162

① 화재의 원인은 담배가 아니었다.

→ _____

② 그는 독감이 아니었다.

→ _____

① か じ げんいん
火事の 原因は たばこじゃ なかった。

② かれ
彼は インフルエンザじゃ なかった。

# 居酒屋、行く。↗
<small>いざかや</small> <small>い</small>

# 이자카야 갈 거야?

동사의 '기본형'은 '~하다, ~할 것이다(비과거/긍정)'라는 뜻의 '보통체' 표현이 되며, 이 표현은 뒤에 오는 명사를 수식할 수 있습니다. (※ 보통체 회화의 의문문은 보통 의문조사 'か'를 생략하고 문말을 높여서 말합니다.)

居酒屋、行く。↗ = 이자카야 갈 거야(갈래)?

うん、行く。→ = 응, 갈 거야.

---

① 

② 

③ 

① 초밥 먹을래?

　→

② 이 책 읽을 거야?

　→

① おすし、食べる。
<small>た</small>

② この本、読む。
<small>ほん</small> <small>よ</small>

<sup>わたし</sup> <sup>い</sup>
## 私は 行かない。

## 나는 가지 않을 거야.

동사의 'V(ない형)+ない'는 '~지 않다 (비과거/부정)'라는 뜻의 '보통체' 표현입니다. 동사의 보통체는 모두 뒤에 오는 명사를 수식할 수 있습니다.

「V(ない형)+ない」 = 「~지 않다, ~지 않는」

<sup>い</sup>
行かない。 = 가지 않을 거야.

---

| MP3 듣고 따라 말하며 세 번씩 써보기 | 🎧 mp3 165 |
|---|---|

① 

② 

③ 

| 응용해서 써본 후 MP3 듣고 따라 말하기 | 🎧 mp3 166 |
|---|---|

① 아니, 먹지 않을 거야. [아니 = ううん]

→ 

② 아니, 읽지 않을 거야.

→ 

---

| ① ううん、食<sup>た</sup>べない。 |
|---|
| ② ううん、読<sup>よ</sup>まない。 |

<sup>もとかれ</sup>元彼から <sup>れんらく</sup>連絡が <sup>き</sup>来た。

전 남친에게서 연락이 왔어.

① 동사의 'V(た형)+た'는 ' ~ 었다(과거/긍정)'라는 뜻의 '보통체' 표현이 됩니다.

「V(た형)+た」 = 「 ~ 었다, ~ 었던」

<sup>れんらく</sup>連絡が <sup>き</sup>来た。 = 연락이 왔다.

② <sup>もとかれ</sup>元彼 = 전 남친

---

**MP3 듣고 따라 말하며 세 번씩 써보기**　　　　　　　　　　🎧 mp3 167

① _____

② _____

③ _____

**응용해서 써본 후 MP3 듣고 따라 말하기**　　　　　　　　　🎧 mp3 168

① 시험에 합격했어. [시험 = テスト, 합격하다 = <sup>ごうかく</sup>合格する]

　→

② 어제 체육관에서 운동했어. [어제 = <sup>きのう</sup>昨日, 체육관 = ジム, 운동하다 = <sup>うんどう</sup>運動する]

　→

---

① テストに <sup>ごうかく</sup>合格した。

② <sup>きのう</sup>昨日、ジムで <sup>うんどう</sup>運動した。

でん わ　　て
電話に 出なかった。

전화를 받지 않았어.

동사의 'V(ない형)+なかった'는 ' ~ 지 않았다(과거/부정)'라는 뜻의 '보통체' 표현이 됩니다.

「V(ない형)+なかった」 = 「 ~ 지 않았다, ~ 지 않은」

でん わ　　で
電話に 出なかった。= 전화를 받지 않았다.

---

MP3 듣고 따라 말하며 세 번씩 써보기　　　　　　　　　　　🎧 mp3 169

① _____

② _____

③ _____

응용해서 써본 후 MP3 듣고 따라 말하기　　　　　　　　　　🎧 mp3 170

① 시험에 합격 못했어.

　→ _____

② 어제는 피곤해서 운동하지 않았어. [피곤하다 = 疲れる]
　　　　　　　　　　　　　　　　　　　　　　　　　つか

　→ _____

---

① テストに 合格できなかった。
　　　　　ごうかく
② 昨日は 疲れて 運動しなかった。
　 き のう　　 つか　　　 うんどう

## 01. 앞서 배운 문형을 복습해 봅시다.

☐ 명사의 보통체/정중체

|  |  | 보통체 | 정중체 |
|---|---|---|---|
| 긍정 | 비과거 | 休み<sub>やす</sub>だ (휴일이다) | 休み<sub>やす</sub>です (휴일입니다) |
|  | 과거 | 休み<sub>やす</sub>だった (휴일이었다·이었던) | 休み<sub>やす</sub>でした (휴일이었습니다) |
| 부정 | 비과거 | 休み<sub>やす</sub>じゃ ない (휴일이 아니다·아닌) | 休み<sub>やす</sub>じゃ ないです/ありません (휴일이 아닙니다) |
|  | 과거 | 休み<sub>やす</sub>じゃ なかった (휴일이 아니었다·아니었던) | 休み<sub>やす</sub>じゃ なかったです/ありませんでした (휴일이 아니었습니다) |

☐ 동사의 보통체

|  |  | 1그룹 동사 | 2그룹 동사 | 3그룹 동사 |
|---|---|---|---|---|
| 기본형 |  | 話す<sub>はな</sub>(su) | 食べる<sub>た</sub> | する/くる |
| 긍정 | 비과거 | 話す<sub>はな</sub> (이야기한다·이야기하는) | 食べる<sub>た</sub> (먹는다·먹는) | する/くる (한다·하는 / 간다·가는) |
|  | 과거 | 話した<sub>はな</sub> (이야기했다·이야기한) | 食べた<sub>た</sub> (먹었다·먹었던) | し/きた (했다·한 / 갔다·간) |
| 부정 | 비과거 | 話さない<sub>はな</sub> (이야기하지 않는다·않는) | 食べない<sub>た</sub> (먹지 않는다·않는) | し/こない (하지 않는다·않는 / 가지 않는다·않는) |
|  | 과거 | 話さなかった<sub>はな</sub> (이야기하지 않았다·않았던) | 食べなかった<sub>た</sub> (먹지 않았다·않았던) | し/こなかった (하지 않았다·않았던 / 가지 않았다·않았던) |

02. 앞서 배운 문장을 일본어로 쓸 수 있는지 테스트를 통해 확인해 보세요. (정답 p.164)

① 오늘은 휴일이다.

→

② 오늘은 휴일이 아니다.

→

③ 그가 범인이었다.

→

④ 그는 범인이 아니었다.

→

⑤ 이자카야 갈 거야?

→

⑥ 초밥 먹을래?

→

⑦ 나는 가지 않을 거야.

→

⑧ 아니, 먹지 않을 거야.

→

⑨ 전 남친에게서 연락이 왔어.

→

⑩ 전화를 받지 않았어.

→

① 今日は 休みだ。

② 今日は 休みじゃ ない。

③ 彼が 犯人だった。

④ 彼は 犯人じゃ なかった。

⑤ 居酒屋、行く。

⑥ おすし、食べる。

⑦ 私は 行かない。

⑧ ううん、食べない。

⑨ 元彼から 連絡が 来た。

⑩ 電話に 出なかった。

---

MEMO　틀린 문장이 있을 경우 아래에 몇 번씩 반복해서 써보세요.

# CHAPTER 11

## 보통체(반말체)로 말하기 - 2

き むら              りょう り         じょう ず
木村さんは 料理が 上手だ。

기무라 씨는 요리를 잘한다.

な형용사의 '기본형(NAだ)'은 ' ~ 하다(비과거/긍정)'라는 뜻의 '보통체' 표현이 됩니다.

「NAだ」 = 「 ~ 하다」

じょう ず
上手だ。 = 잘한다.

りょう り         じょう ず
料理が 上手だ。 = 요리를 잘한다.

| MP3 듣고 따라 말하며 세 번씩 써보기 | ∩ mp3 171 |
|---|---|

①

②

③

| 응용해서 써본 후 MP3 듣고 따라 말하기 | ∩ mp3 172 |
|---|---|

① 나는 제이팝을 좋아한다. [제이팝 = ジェーポップ]

→

② 한국 지하철은 편리하다. [지하철 = 地下鉄, 편리하다 = 便利だ]

→

わたし
① 私は ジェーポップが 好きだ。

かんこく      ち か てつ      べん り
② 韓国の 地下鉄は 便利だ。

やま だ　　　　　りょう り　　　　じょう ず
**山田さんは 料理が 上手じゃ ない。**

**야마다 씨는 요리를 잘 못한다.**

な형용사의 '어간(NA)'에 'じゃ ない'를 붙이면 '~지 않다(비과거/부정)'라는 뜻의 '보통체' 표현이 됩니다. 이 표현은 뒤에 오는 명사를 수식할 수 있습니다.

「NAじゃ ない」=「~지 않다, ~지 않은」

じょう ず
**上手じゃ ない。** = 잘하지 않는다(잘 못한다).

りょう り　　 じょう ず
**料理が 上手じゃ ない。** = 요리를 잘 못한다.

| MP3 듣고 따라 말하며 세 번씩 써보기 | 🎧 mp3 173 |
|---|---|

① 

② 

③ 

| 응용해서 써본 후 MP3 듣고 따라 말하기 | 🎧 mp3 174 |
|---|---|

の　　かい
① 난 술자리를 좋아하지 않는다. [술자리, 회식 = 飲み会]

→

くるま
② 이 차는 편리하지 않다. [차 = 車]

→

わたし　　の　　かい　　す
① 私は 飲み会が 好きじゃ ない。

くるま　　べん り
② この 車は 便利じゃ ない。

<sub>まつり</sub>
# お祭りは にぎやかだった。

## 축제는 떠들썩했다.

な형용사의 '어간(NA)'에 'だった'를 붙이면 '~했다(과거/긍정)'라는 뜻의 '보통체' 표현이 됩니다. 이
표현은 뒤에 오는 명사를 수식할 수 있습니다.

「NAだった」=「~ 했다, ~ 했던」
にぎやかだった。 = 떠들썩했다.
<sub>まつり</sub>
お祭りは にぎやかだった。 = 축제는 떠들썩했다.

---

### MP3 듣고 따라 말하며 세 번씩 써보기　　　　　　　　　🎧 mp3 175

① 

② 

③ 

### 응용해서 써본 후 MP3 듣고 따라 말하기　　　　　　　　🎧 mp3 176

① 테스트는 매우 간단했다. [테스트 = テスト, 간단하다 = 簡単<sub>かんたん</sub>だ]

　→

② 할아버지는 매우 건강했다. [할아버지 = 祖父<sub>そ ふ</sub>, 건강하다 = 元気<sub>げん き</sub>だ]

　→

---

① テストは とても 簡単<sub>かんたん</sub>だった。
② 祖父<sub>そ ふ</sub>は とても 元気<sub>げん き</sub>だった。

はな び
**花火は** にぎやかじゃ なかった。

**불꽃놀이는** 떠들썩하지 않았다.

---

な형용사의 '어간(NA)'에 'じゃ なかった'를 붙이면 '~지 않았다(과거/부정)'라는 뜻의 '보통체' 표현
이 됩니다. 이 표현은 뒤에 오는 명사를 수식할 수 있습니다.

「NAじゃ なかった」 = 「~ 지 않았다, ~ 지 않았던」

にぎやかじゃ なかった。 = 떠들썩하지 않았다.

はな び
花火は にぎやかじゃ なかった。 = 불꽃놀이는 떠들썩하지 않았다.

---

| MP3 듣고 따라 말하며 세 번씩 써보기 | 🎧 mp3 177 |
|---|---|

①

②

③

| 응용해서 써본 후 MP3 듣고 따라 말하기 | 🎧 mp3 178 |
|---|---|

① 돈까스 만드는 법은 간단하지 않았다. [돈까스 = 豚カツ, 만드는 법 = 作り方]

→

② 할머니는 건강하지 않았다. [할머니 = 祖母]

→

---

① 豚カツの 作り方は 簡単じゃ なかった。

② 祖母は 元気じゃ なかった。

どう、おいしい。↗

어때, 맛있어?

い형용사의 '기본형(Aい)'은 '~다(비과거/긍정)'라는 뜻의 '보통체' 표현이 됩니다. い형용사의 보통체
는 모두 뒤에 오는 명사를 수식할 수 있습니다.

「Aい」＝「~다, ~는」

Q: おいしい。↗ ＝ 맛있어?

A: うん、おいしい。→ ＝ 응, 맛있어.

| MP3 듣고 따라 말하며 세 번씩 써보기 | 🎧 mp3 179 |
|---|---|

① 

② 

③ 

| 응용해서 써본 후 MP3 듣고 따라 말하기 | 🎧 mp3 180 |
|---|---|

① 그는 성적이 좋다. [성적 ＝ 成績<sup>せいせき</sup>]

→

② 그는 성격이 나쁘다. [성격 ＝ 性格<sup>せいかく</sup>, 나쁘다 ＝ 悪<sup>わる</sup>い]

→

① 彼<sup>かれ</sup>は 成績<sup>せいせき</sup>が いい。
② 彼<sup>かれ</sup>は 性格<sup>せいかく</sup>が 悪<sup>わる</sup>い。

うん、あまり おいしく ない。

아니, 그다지 맛있지 않아.

① い형용사의 '어간(A)'에 'く ない'를 붙이면 '~지 않다(비과거/부정)'라는 뜻의 '보통체' 표현이 됩니다.

「Aく ない」＝「~지 않다, ~지 않는」

おいしく ない。＝ 맛있지 않다.

② [특수 활용] 'いい(좋다)'가 과거형, 부정형 등으로 활용이 될 경우 'い'가 'よ'로 바뀝니다.

いい (좋다) → よく ない (좋지 않다)

| MP3 듣고 따라 말하며 세 번씩 써보기 | 🎧 mp3 181 |
|---|---|

①

②

③

| 응용해서 써본 후 MP3 듣고 따라 말하기 | 🎧 mp3 182 |
|---|---|

① 그는 성격이 좋지 않다.

→

② 그는 성적이 나쁘지 않다.

→

① 彼は 性格が よく ない。

② 彼は 成績が 悪く ない。

日本語の テストは 難しかった。／

일본어 시험은 어려웠어?

① い형용사의 '어간(A)'에 'かった'를 붙이면 '~었다(과거/긍정)'라는 뜻의 '보통체' 표현이 됩니다.

「Aかった」=「~었다, ~었던」

Q: 難しかった。／ = 어려웠어?

A: 難しかった。→ = 어려웠어.

② [특수 활용] いい (좋다) → よかった (좋았다)

---

**MP3 듣고 따라 말하며 세 번씩 써보기**　　　　　　　　　🎧 mp3 183

①

②

③

---

**응용해서 써본 후 MP3 듣고 따라 말하기**　　　　　　　　🎧 mp3 184

① 오늘은 날씨가 좋았다. [날씨 = 天気]

　→

② 어제는 매우 바빴다. [어제 = 昨日, 바쁘다 = 忙しい]

　→

---

① 今日は 天気が よかった。

② 昨日は とても 忙しかった。

ううん、あまり 難<sup>むずか</sup>しく なかった。

아니, 그다지 어렵지 않았어.

① い형용사의 '어간(A)'에 'く なかった'를 붙이면 '~지 않았다(과거/부정)'라는 뜻의 '보통체' 표현
이 됩니다.

「Aく なかった」=「~ 지 않았다, ~ 지 않았던」

難<sup>むずか</sup>しく なかった。= 어렵지 않았다.

② [특수 활용] いい (좋다) → よくなかった (좋지 않았다)

| MP3 듣고 따라 말하며 세 번씩 써보기 | 🎧 mp3 185 |
|---|---|
| ① | |
| ② | |
| ③ | |

| 응용해서 써본 후 MP3 듣고 따라 말하기 | 🎧 mp3 186 |
|---|---|

① 오늘은 날씨가 좋지 않았다.

→

② 어제는 별로 바쁘지 않았다.

→

① 今日<sup>きょう</sup>は 天気<sup>てんき</sup>が よく なかった。
② 昨日<sup>きのう</sup>は あまり 忙<sup>いそが</sup>しく なかった。

## 01. 앞서 배운 문형을 복습해 봅시다.

□ な형용사 보통체/정중체

|  |  | 보통체 | 정중체 |
|---|---|---|---|
| 긍정 | 비과거 | 好<sup>す</sup>きだ<br>(좋아한다) | 好<sup>す</sup>きです<br>(좋아합니다) |
|  | 과거 | 好<sup>す</sup>きだった<br>(좋아했다·좋아한) | 好<sup>す</sup>きでした<br>(좋아했습니다) |
| 부정 | 비과거 | 好<sup>す</sup>きじゃ ない<br>(좋아하지 않는다·않는) | 好<sup>す</sup>きじゃ ないです/ありません<br>(좋아하지 않았습니다) |
|  | 과거 | 好<sup>す</sup>きじゃ なかった<br>(좋아하지 않았다·않았던) | 好<sup>す</sup>きじゃ なかったです/ありません<br>でした (좋아하지 않았습니다) |

□ い형용사의 보통체/정중체

|  |  | 보통체 | 정중체 |
|---|---|---|---|
| 긍정 | 비과거 | おもしろい<br>(재미있다·재미있는) | おもしろいです<br>(재미있습니다) |
|  | 과거 | おもしろかった<br>(재미있었다·재미있었던) | おもしろかったです<br>(재미있었습니다) |
| 부정 | 비과거 | おもしろく ない<br>(재미있지 않다·않는) | おもしろく ないです/ありません<br>(재미있지 않습니다) |
|  | 과거 | おもしろく なかった<br>(재미있지 않았다·않았던) | おもしろく なかったです/ありません<br>でした (재미있지 않습니다) |

02. 앞서 배운 문장을 일본어로 쓸 수 있는지 테스트를 통해 확인해 보세요. (정답 p.176)

① 기무라 씨는 요리를 잘한다.

→

② 야마다 씨는 요리를 잘 못한다.

→

③ 축제는 떠들썩했다.

→

④ 불꽃놀이는 떠들썩하지 않았다.

→

⑤ 어때, 맛있어?

→

⑥ 아니, 그다지 맛있지 않아.

→

⑦ 그는 성격이 좋지 않다.

→

⑧ 일본어 시험은 어려웠어?

→

⑨ 아니, 그다지 어렵지 않았어.

→

⑩ 오늘은 날씨가 좋지 않았다.

→

① 木村さんは 料理が 上手だ。

② 山田さんは 料理が 上手じゃ ない。

③ お祭りは にぎやかだった。

④ 花火は にぎやかじゃ なかった。

⑤ どう、おいしい。

⑥ ううん、あまり おいしく ない。

⑦ 彼は 性格が よく ない。

⑧ 日本語の テストは 難しかった。

⑨ ううん、あまり 難しく なかった。

⑩ 今日は 天気が よく なかった。

MEMO 틀린 문장이 있을 경우 아래에 몇 번씩 반복해서 써보세요.

# CHAPTER 12

## 들은 얘기 전달하기,
## 자신의 생각 말하기

<sub>あした あめ</sub>　<sub>ふ</sub>
**明日 雨が** 降るそうです。

**내일 비가** 온다고 합니다.

① 보통체에 'そうだ'를 붙이면 '~라고 한다'라는 뜻이 되며, 이는 들은 정보를 전달하는 '전문(伝聞) 표현'입니다.

② 「동사(보통체) + そうだ」 = 「~라고 한다」

雨が [降る / 降らない / 降った / 降らなかった] そうです。

= 비가 [온다/오지 않는다/왔다/오지 않았다]고 합니다.

| MP3 듣고 따라 말하며 세 번씩 써보기 | 🎧 mp3 187 |
|---|---|

①

②

③

| 응용해서 써본 후 MP3 듣고 따라 말하기 | 🎧 mp3 188 |
|---|---|

① 김 씨는 미국에 가지 않는다고 합니다. [가다 = <sub>い</sub>行く]

　　→

② 야마다 씨는 입원했다고 합니다. [입원하다 = <sub>にゅういん</sub>入院する]

　　→

① キムさんは アメリカに <sub>い</sub>行かないそうです。
② <sub>やまだ</sub>山田さんは <sub>にゅういん</sub>入院したそうです。

<sub>てん き よ ほう</sub>　　　　　　　<sub>らいしゅう</sub>　　<sub>つ ゆ</sub>
# 天気予報に よると、来週から 梅雨だそうです。

# 일기예보에 의하면, 다음 주부터 장마라고 합니다.

① 「명사(보통체) + そうだ」 = 「~ 라고 한다」

　　[梅雨だ / 梅雨じゃ ない / 梅雨だった / 梅雨じゃ なかった] そうです。
　　<sub>つ ゆ</sub>　　　<sub>つ ゆ</sub>　　　　　<sub>つ ゆ</sub>　　　　　<sub>つ ゆ</sub>

　　= [장마/장마가 아니/장마였다/장마가 아니었다](라)고 합니다.

　　<sub>らいしゅう</sub>　　　　　　　<sub>つ ゆ</sub>
② 来週 = 다음 주, 梅雨 = 장마, ~に よると = ~에 의하면 (정보의 출처)

---

| MP3 듣고 따라 말하며 세 번씩 써보기 | 🎧 mp3 189 |
| --- | --- |

① 

② 

③ 

| 응용해서 써본 후 MP3 듣고 따라 말하기 | 🎧 mp3 190 |
| --- | --- |

　　　　　　　　　　　　　　　　　　　　　　　　<sub>はんにん</sub>
① 뉴스에 의하면, 그는 범인이 아니라고 합니다. [뉴스 = ニュース, 범인 = 犯人]

　→

　　　　　　　　　　　　　　　<sub>たんじょう び</sub>
② 오늘은 야마다 씨 생일이었다고 합니다. [생일 = 誕生日]

　→

---

　　　　　　　　　<sub>かれ</sub>　<sub>はんにん</sub>
① ニュースに よると、彼は 犯人じゃ ないそうです。

　　<sub>きょう</sub>　<sub>や ま だ</sub>　　　<sub>たんじょう び</sub>
② 今日は 山田さんの 誕生日だったそうです。

# 部長は カラオケが 好きだそうです。

## 부장님은 가라오케를 좋아한다고 합니다.

① 「な형용사(보통체) + そうだ」 = 「~ 라고 한다」

　[好きだ / 好きじゃ ない / 好きだった / 好きじゃ なかった] そうです。

　= [좋아한다/좋아하지 않는다/좋아했다/좋아하지 않았다]고 합니다.

② 部長 = 부장님, カラオケ = 가라오케, 노래방

| MP3 듣고 따라 말하며 세 번씩 써보기 | 🎧 mp3 191 |
|---|---|

①

②

③

| 응용해서 써본 후 MP3 듣고 따라 말하기 | 🎧 mp3 192 |
|---|---|

① 야마다 씨는 건강하지 않다고 합니다.

　→

② 수험 공부가 힘들었다고 합니다. [수험 공부 = 受験勉強, 힘들다 = 大変だ]

　→

① 山田さんは 元気じゃ ないそうです。

② 受験勉強 が 大変だったそうです。

---

<ruby>宇<rt>う</rt></ruby><ruby>都<rt>つ</rt></ruby><ruby>宮<rt>のみや</rt></ruby>は <ruby>餃<rt>ぎょう</rt></ruby><ruby>子<rt>ざ</rt></ruby>が おいしいそうです。

---

우쓰노미야는 교자가 맛있다고 합니다.

---

① 「い형용사(보통체) + そうだ」 = 「~ 라고 한다」

　[おいしい / おいしく ない / おいしかった / おいしく なかった] そうです。

　= [맛있다/맛있지 않다/맛있었다/맛있지 않았다]고 합니다.

② <ruby>宇<rt>う</rt></ruby><ruby>都<rt>つ</rt></ruby><ruby>宮<rt>のみや</rt></ruby> = 일본 도치기현에 있는 지명, <ruby>餃<rt>ぎょう</rt></ruby><ruby>子<rt>ざ</rt></ruby> = 교자 만두

---

**MP3 듣고 따라 말하며 세 번씩 써보기**

① _____

② _____

③ _____

**응용해서 써본 후 MP3 듣고 따라 말하기**

① 이 영화는 재미있다고 합니다. [영화 = <ruby>映<rt>えい</rt></ruby><ruby>画<rt>が</rt></ruby>, 재미있다 = おもしろい]

　→ _____

② 두부는 칼로리가 높지 않다고 합니다. [두부 = <ruby>豆<rt>とう</rt></ruby><ruby>腐<rt>ふ</rt></ruby>, 칼로리 = カロリー, 높다 = <ruby>高<rt>たか</rt></ruby>い]

　→ _____

---

① この <ruby>映<rt>えい</rt></ruby><ruby>画<rt>が</rt></ruby>は おもしろいそうです。

② <ruby>豆<rt>とう</rt></ruby><ruby>腐<rt>ふ</rt></ruby>は カロリーが <ruby>高<rt>たか</rt></ruby>く ないそうです。

---

はじ　　　　あ
**初めて 会った とき、「はじめまして」と 言います。**

처음 만났을 때 '처음 뵙겠습니다'라고 말합니다.

---

① 다른 사람이 한 이야기를 직접 인용할 경우, 인용할 말 뒤에 'と 言う'를 붙여서 말하면 됩니다. 인용
할 말은 「 」 안에 넣습니다.

「(보통체/정중체)」+ と 言う = '~'라고 말한다

「はじめまして」と 言います。 = '처음 뵙겠습니다'라고 말합니다.

はじ
② 初めて = '처음, 첫 번째로'라는 뜻의 부사

| MP3 듣고 따라 말하며 세 번씩 써보기 | 🎧 mp3 195 |
|---|---|
| ① | |
| ② | |
| ③ | |

| 응용해서 써본 후 MP3 듣고 따라 말하기 | 🎧 mp3 196 |
|---|---|

やす
① 잘 때 '안녕히 주무세요(お休みなさい)'라고 말합니다.

→

かなら
② 그는 '반드시 오겠습니다'라고 말했습니다. [반드시 = 必ず]

→

ね　　　　　　　　　　やす　　　　　い
① 寝る とき、「お休みなさい」と 言います。
かれ　かなら　き　　　　　　　い
② 彼は「必ず 来ます」と 言いました。

お医者さんが 明日は 来なくても いいと 言いました。

의사 선생님이 내일은 오지 않아도 된다고 말했습니다.

① 다른 사람이 한 이야기를 <u>간접 인용</u>할 경우, 인용말(보통체) 뒤에 'と 言う'를 붙이면 됩니다.

　「(보통체) + と 言う」 = 「~라고 말한다」

　来なくても いいと 言いました。 = 오지 않아도 된다고 말했습니다.

② お医者さん = 의사 선생님

---

| MP3 듣고 따라 말하며 세 번씩 써보기 | 🎧 mp3 197 |
|---|---|
| ① | |
| ② | |
| ③ | |

| 응용해서 써본 후 MP3 듣고 따라 말하기 | 🎧 mp3 198 |
|---|---|

① 다나카 씨는 이 가게 케이크가 제일 맛있다고 말했습니다. [가게 = 店, 제일, 가장 = 一番]

　→

② 그는 반드시 올 거라고 말했습니다. [반드시 = 必ず]

　→

> ① 田中さんは この 店の ケーキが 一番 おいしいと 言いました。
> ② 彼は 必ず 来ると 言いました。

食べ過ぎは 体に よく ないと 思います。

과식은 몸에 좋지 않다고 생각합니다.

① 보통체에 'と 思う'를 붙이면 '말하는 사람의 생각, 의견'을 나타내는 표현이 됩니다.

「(보통체) + と 思う」=「~고 생각한다」

体に よく ないと 思います。= 몸에 좋지 않다고 생각합니다.

② 食べ過ぎ = 과식, 体 = 몸, 신체

---

**MP3 듣고 따라 말하며 세 번씩 써보기**　　　　　　　🎧 mp3 199

①

②

③

**응용해서 써본 후 MP3 듣고 따라 말하기**　　　　　　　🎧 mp3 200

① 이 씨는 상냥한 사람이라고 생각합니다. [상냥하다 = やさしい]

　→

② 그녀는 지금 집에 있을 거라고 생각합니다. [집 = 家, 있다 = いる]

　→

---

① イさんは やさしい 人だと 思います。

② 彼女は 今 家に いると 思います。

01. 앞서 배운 문형을 복습해 봅시다.

☐ 전문(伝聞), 의견 표현 문형

| 문형 | 예문 |
|---|---|
| <u>(보통체)</u>＋そうだ<br>( ~ 라고 한다) | 天気予報(てんきよほう)に よると、<br>今日(きょう)は 雨(あめ)が 降(ふ)るそうです。<br><br>일기예보에 의하면,<br>오늘은 비가 온다고 합니다. |
| 「<u>(보통체/정중체)</u>」＋と 言(い)う<br>( ~ 라고 한다 / 직접 인용) | 山田(やまだ)さんは「お酒(さけ)は 飲(の)みません」と<br>言いました。<br><br>야마다 씨는 '술은 마시지 않습니다'라고<br>했습니다. |
| <u>(보통체)</u>＋と 言(い)う<br>( ~ 라고 한다 / 간접 인용) | 山田(やまだ)さんは お酒(さけ)は 飲(の)まないと<br>言いました。<br><br>야마다 씨는 술은 마시지 않는다고<br>했습니다. |
| <u>(보통체)</u>＋と 思(おも)う<br>( ~ 라고 생각한다) | 山田(やまだ)さんは パーティーに 来(く)ると<br>思います。<br><br>야마다 씨는 파티에 올거라고<br>생각합니다. |

02. 앞서 배운 문장을 일본어로 쓸 수 있는지 테스트를 통해 확인해 보세요. (정답 p.187)

① 내일 비가 온다고 합니다.

→

② 일기예보에 의하면, 다음 주부터 장마라고 합니다.

→

③ 뉴스에 의하면, 그는 범인이 아니라고 합니다.

→

④ 부장님은 가라오케를 좋아한다고 합니다.

→

⑤ 야마다 씨는 건강하지 않다고 합니다.

→

⑥ 우쓰노미야는 교자가 맛있다고 합니다.

→

⑦ 두부는 칼로리가 높지 않다고 합니다.

→

⑧ 처음 만났을 때 '처음 뵙겠습니다'라고 말합니다.

→

⑨ 의사 선생님이 내일은 오지 않아도 된다고 말했습니다.

→

⑩ 과식은 몸에 좋지 않다고 생각합니다.

→

① 明日 雨が 降るそうです。

② 天気予報に よると、来週から 梅雨だそうです。

③ ニュースに よると、彼は 犯人じゃ ないそうです。

④ 部長は カラオケが 好きだそうです。

⑤ 山田さんは 元気じゃ ないそうです。

⑥ 宇都宮は 餃子が おいしいそうです。

⑦ 豆腐は カロリーが 高く ないそうです。

⑧ 初めて 会った とき、「はじめまして」と 言います。

⑨ お医者さんが 明日は 来なくても いいと 言いました。

⑩ 食べ過ぎは 体に よくないと 思います。

---

MEMO 틀린 문장이 있을 경우 아래에 몇 번씩 반복해서 써보세요.

# REVIEW &
# CHECK

앞서 배운 일본어 중급문장 100개 및
문장을 익히면서 등장했던 주요 어휘들을
한눈에 훑어 보며 정리해 보도록 합시다.

① 중급문장 100 총정리

② 주요 어휘 총정리

001 '동사+て'는 '~고, ~서'라는 뜻의 연결 표현. / [3그룹 동사의 て형] 3그룹 동사의 'ます형'과 동일. → 「V(て형)+て ください」=「~해 주세요, ~하세요」

質問して ください。                    질문해 주세요.
<ruby>質問<rt>しつもん</rt></ruby>

毎日 運動して ください。              매일 운동해 주세요.
<ruby>毎日<rt>まいにち</rt></ruby> <ruby>運動<rt>うんどう</rt></ruby>

また 来て ください。                   또 와 주세요.
<ruby>来<rt>き</rt></ruby>

002 [2그룹 동사의 て형] 기본형의 어미 'る'를 없앤 형태이며, 2그룹 동사의 'ます형'과 동일. → 「V(て형)+て ください」=「~해 주세요, ~하세요」

ゆっくり 寝て ください。              푹 주무세요.
<ruby>寝<rt>ね</rt></ruby>

こちらを 見て ください。              이쪽을 봐 주세요.
<ruby>見<rt>み</rt></ruby>

電気を つけて ください。              불을 켜 주세요.
<ruby>電気<rt>でんき</rt></ruby>

003 [1그룹 동사의 て형 (1)] 'す로 끝나는 동사'는 'す'를 'し'로 바꾸고 'て'를 붙임. ('ます형'과 'て형'이 같음) → 「V(て형)+て ください」=「~해 주세요, ~하세요」

ペンを 貸して ください。              펜을 빌려주세요.
<ruby>貸<rt>か</rt></ruby>

日本語で 話して ください。            일본어로 이야기해 주세요.
<ruby>日本語<rt>にほんご</rt></ruby> <ruby>話<rt>はな</rt></ruby>

電気を 消して ください。              불을 꺼 주세요.
<ruby>電気<rt>でんき</rt></ruby> <ruby>消<rt>け</rt></ruby>

004 [1그룹 동사의 て형 (2)] 'う, つ, る로 끝나는 동사'는 'う, つ, る'를 'っ'로 바꾸고 'て'를 붙임. → 「V(て형)+て ください」=「~해 주세요, ~하세요」

ちょっと 待って ください。            잠깐 기다려 주세요.
<ruby>待<rt>ま</rt></ruby>

ちょっと 手伝って ください。          좀 도와주세요.
<ruby>手伝<rt>てつだ</rt></ruby>

この バスに 乗って ください。         이 버스를 타 주세요.
<ruby>乗<rt>の</rt></ruby>

[1그룹 동사의 て형 (3)] 'く, ぐ로 끝나는 동사'는 'く → い+て, ぐ → い+で'와 같이 바꿈. →
「V(て형)+て ください」=「~해 주세요, ~하세요」

| | |
|---|---|
| ここに お名前を 書いて ください。 | 여기에 성함을 써 주세요. |
| ちょっと 急いで ください。 | 조금 서둘러 주세요. |
| ゆっくり 歩いて ください。 | 천천히 걸어 주세요. |

[1그룹 동사의 て형 (4)] 'ぬ, ぶ, む로 끝나는 동사'는 'ぬ, ぶ, む → ん+で'와 같이 바꿈. →
「V(て형)+て ください」=「~해 주세요, ~하세요」

| | |
|---|---|
| また 一緒に 遊んで ください。 | 또 함께 놀아 주세요. |
| マニュアルを 読んで ください。 | 매뉴얼을 읽어 주세요. |
| タクシーを 呼んでください。 | 택시를 불러 주세요. |

「V(て형)+て くださいませんか」=「~해 주지 않겠습니까?」

| | |
|---|---|
| ペンを 貸して くださいませんか。 | 펜을 빌려주지 않겠습니까? |
| 電気を つけて くださいませんか。 | 불을 켜 주시지 않겠습니까? |
| ちょっと 手伝って くださいませんか。 | 좀 도와주시지 않겠습니까? |

「V(ます형)+ましょう」=「~합시다」

| | |
|---|---|
| 花火を 見に 行きましょう。 | 불꽃놀이 보러 갑시다. |
| そろそろ 出かけましょう。 | 슬슬 나갑시다. |
| ちょっと 休みましょう。 | 잠깐 쉽시다. |

「V(ます형)+ましょうか」=「~할까요?」

| | |
|---|---|
| 花火を 見に 行きましょうか。 | 불꽃놀이 보러 갈까요? |
| そろそろ 出かけましょうか。 | 슬슬 나갈까요? |
| ちょっと 休みましょうか。 | 잠깐 쉴까요? |

「V(ます형)＋ませんか」 ＝「～ 하지 않겠습니까?」

花火を 見に 行きませんか。 불꽃놀이 보러 가지 않겠습니까?

そろそろ 出かけませんか。 슬슬 나가지 않겠습니까?

ちょっと 休みませんか。 잠깐 쉬지 않겠습니까?

「V(て형)＋て、～ます」 ＝「～고/～서, ～합니다」(1그룹 동사를 활용했을 시)

スーパーで 買い物を して、帰ります。 슈퍼마켓에서 쇼핑을 해서 돌아갑니다.

勉強を して、寝ます。 공부를 하고 잡니다.

学校に 来て、勉強を します。 학교에 와서 공부를 합니다.

「V(て형)＋て、～ます」 ＝「～고/～서, ～합니다」(2그룹 동사를 활용했을 시)

お湯を 入れて、5分 待ちます。 뜨거운 물을 넣고, 5분 기다립니다.

朝ごはんを 食べて、会社に 行きます。 아침밥을 먹고, 회사에 갑니다.

テレビを 見て、寝ます。 TV를 보고, 잡니다.

## 013

「V(て형)＋て、～ます」 ＝「～고/～서, ～합니다」('す'로 끝나는 1그룹 동사를 활용했을 시)

親と 話して、決めます。 부모님과 이야기해서, 결정합니다.

電気を 消して 寝ます。 불을 끄고, 잡니다.

ダウンロードボタンを 押して、保存します。 다운로드 버튼을 누르고, 저장합니다.

「V(て형)＋て、～ます」 ＝「～고/～서, ～합니다」('う, つ, る'로 끝나는 1그룹 동사를 활용했을 시)

友だちに 会って、映画を 見ます。 친구를 만나서, 영화를 봅니다.

5分 待って、食べます。 5분 기다리고, 먹습니다.

家に 帰って、シャワーを 浴びます。 집에 돌아와서, 샤워를 합니다.

「V(て형)＋て、~て ください」＝「~고/~서, ~해 주세요/~하세요」('く, ぐ'로 끝나는 1그룹 동사를 활용했을 시)

よく 聞いて、答えて ください。　　　잘 듣고, 대답하세요.

ここに 名前を 書いて、待って ください。　　여기에 이름을 쓰고, 기다려 주세요.

くつを 脱いで、入って ください。　　구두를 벗고, 들어와 주세요.

「V(て형)＋て、~て ください」＝「~고/~서, ~해 주세요/~하세요」('ぬ, ぶ, む'로 끝나는 1그룹 동사를 활용했을 시)

この 本を 読んで、感想文を 書いて ください。　이 책을 읽고, 감상문을 쓰세요.

この 薬を 飲んで、休んで ください。　　이 약을 먹고, 쉬세요.

よく 噛んで、食べて ください。　　잘 씹어서, 먹으세요.

## 017

「V(て형)＋て、V(て형)＋て、~ます」＝「~고/~서, ~고/~서, ~합니다」

家に 帰って、晩ごはんを 食べて、寝ます。　집에 돌아와서, 저녁밥을 먹고, 잡니다.

7時に 起きて、シャワーを 浴びて、学校に 行きます。　7시에 일어나서, 샤워를 하고, 학교에 갑니다.

映画を 見て、食事を して、家に 帰ります。　영화를 보고, 식사를 하고, 집에 돌아옵니다.

'동사+ない'은 '~지 않다, ~지 않을 것이다'라는 뜻의 부정 표현 / [3그룹 동사의 ない형] する (하다) → しない (하지 않다) / くる (오다) → こない (오지 않다)

めったに 料理は しない。　　좀처럼 요리는 하지 않는다.

めったに 運動は しない。　　좀처럼 운동은 하지 않는다.

もう 二度と 来ない。　　이제 두 번 다시 오지 않을 것이다.

[2그룹 동사의 ない형] 기본형의 어미 'る'를 없앤 형태. (ex) 見る (보다) → 見ない (보지 않
다), 食べる (먹다) → 食べない (먹지 않다)

ドラマは ほとんど 見ない。 　　　　　　드라마는 거의 보지 않는다.

朝ごはんは ほとんど 食べない。 　　　　아침밥은 거의 먹지 않는다.

スーツは ほとんど 着ない。 　　　　　　정장은 거의 입지 않는다.

## 020

[1그룹 동사의 ない형] 기본형의 어미 'う단(u모음)'을 'あ단(a모음)'으로 바꾼 형태.
(단, 'う'로 끝나는 동사는 'わ'로 바뀌며('あ' X) 'ある(있다)'의 부정형은 'あらない'가 아닌 'ない
(없다)')

無駄な 物は 買わない。 　　　　　　　　쓸데없는 물건은 사지 않는다.

今日は 学校に 行かない。 　　　　　　　오늘은 학교에 가지 않을 것이다.

お酒は めったに 飲まない。 　　　　　　술은 좀처럼 마시지 않는다.

「V(ない형) + ないで ~ます」 = 「~지 않고/~지 않은 채 ~합니다」 (3그룹 동사를 활용했
을 시)

勉強を しないで、テストを 受けます。 　　공부를 하지 않고 시험을 봅니다.

宿題を しないで、遊びます。 　　　　　　숙제를 하지 않고 놉니다.

会社に 来ないで、自宅で 仕事を します。 　회사에 오지 않고 자택에서 일을 합니다.

## 022

「V(ない형) + ないで ~ます」 = 「~지 않고/~지 않은 채 ~합니다」 (2그룹 동사를 활용했
을 시)

コーヒーに 砂糖を 入れないで、飲みます。 　커피에 설탕을 넣지 않고 마십니다.

朝ごはんを 食べないで 会社に 行きます。 　아침밥을 먹지 않고 회사에 갑니다.

シャワーを 浴びないで 寝ます。 　　　　　샤워를 하지 않고 잡니다.

023 「V(ない형) + ないで ~ます」 = 「~지 않고/~지 않은 채 ~합니다」 (1그룹 동사를 활용했을 시)

どこにも 行かないで、家で 休みました。　　　　아무데도 가지 않고 집에서 쉬었습니다.

電気を 消さないで、寝ました。　　　　　　　　불을 끄지 않고 잤습니다.

傘を 持たないで、出かけました。　　　　　　　우산을 지니지 않고 외출했습니다.

024 「V(ない형) + ないで ください」 = 「~지 말아 주세요, ~지 마세요」 (3그룹 동사를 활용했을 시)

これから 連絡しないで ください。　　　　　　이제부터 연락하지 말아 주세요.

もう 二度と 来ないで ください。　　　　　　　이제 두 번 다시 오지 마세요.

けんかしないで ください。　　　　　　　　　　싸우지 말아 주세요.

025 「V(ない형) + ないで ください」 = 「~지 말아 주세요, ~지 마세요」 (2그룹 동사를 활용했을 시)

恥ずかしいですから、見ないで ください。　　　창피하니까, 보지 말아 주세요.

そこに 車を 止めないで ください。　　　　　　거기에 차를 세우지 말아 주세요.

ここに ごみを 捨てないで ください。　　　　　여기에 쓰레기를 버리지 말아 주세요.

026 「V(ない형) + ないで ください」 = 「~지 말아 주세요, ~지 마세요」 (1그룹 동사)를 활용했을 시)

危ないですから、触らないで ください。　　　　위험하니까, 만지지 말아 주세요.

誰にも 言わないで ください。　　　　　　　　아무에게도 말하지 말아 주세요.

そこに 荷物を 置かないで ください。　　　　　거기에 짐을 놓지 말아 주세요.

## 027

「V(て형)＋ても いい」＝「～해도 된다」→「V(て형)＋ても いいですか」＝「～해도 됩니까?」

ここに 座っても いいですか。　　　　여기에 앉아도 됩니까?

ちょっと 入っても いいですか。　　　잠깐 들어가도 됩니까?

ここで たばこを 吸っても いいですか。　여기에서 담배를 피워도 됩니까?

「V(て형)＋ても いいですか」＝「～해도 됩니까?」(허가를 묻는 표현에 대한 답으로는 'はい、どうぞ(네, 그러세요)', 'すみませんが、～ないで ください(죄송하지만 ～지 말아 주세요' 등이 사용될 수 있음)

この 靴を はいて みても いいですか。　이 구두를 신어 봐도 됩니까?

この コートを 着て みても いいですか。　이 코트를 입어 봐도 됩니까?

この 帽子を かぶって みても いいですか。　이 모자를 써 봐도 됩니까?

「V(ない형)＋なくても いいです」＝「～지 않아도 좋습니다/괜찮습니다/됩니다」

無理して 食べなくても いいです。　　무리해서 먹지 않아도 됩니다.

もう 薬は 飲まなくても いいです。　　이제 약은 먹지 않아도 됩니다.

明日は 学校に 行かなくてもいいです。　내일은 학교에 가지 않아도 됩니다.

「V(て형)＋ては いけない」＝「～해서는 안 된다」→「V(て형)＋ては いけません」＝「～해서는 안 됩니다」

ここで 写真を 撮っては いけません。　여기에서 사진을 찍어서는 안 됩니다.

高校生は たばこを 吸っては いけません。　고등학생은 담배를 피워서는 안 됩니다.

この 川で 泳いでは いけません。　　이 강에서 헤엄쳐서는 안 됩니다.

「V(ます형)＋ながら V(て형)＋ては いけません」＝「～하면서 ～해서는/하면 안 됩니다」

歩きながら スマホを 操作しては いけません。 걸으면서 스마트폰을 조작해서는 안 됩니다.

運転しながら スマホを 使っては いけません。 운전하면서 스마트폰을 사용해서는 안 됩니다.

テレビを 見ながら ご飯を 食べては いけません。 TV를 보면서 밥을 먹어서는 안 됩니다.

## 032

「V(ない형)＋なければ なりません」＝「～해야 합니다」

図書館に 本を 返さなければ なりません。 도서관에 책을 반납해야 합니다.

明日 レポートを 出さなければ なりません。 내일 리포트를 내야 합니다.

大人は 子どもを 守らなければ なりません。 어른은 아이를 보호해야 합니다.

「V(ない형)＋なければ いけません」＝「～해야 합니다」(개인적/개별적 의무)

図書館に 本を 返さなければ いけません。 도서관에 책을 반납해야 합니다.

明日 レポートを 出さなければ いけません。 내일 리포트를 내야 합니다.

明日は 早く 起きなければ いけません。 내일은 일찍 일어나야 합니다.

'동사＋た'는 '～었다'라는 '과거, 완료'의 의미를 가진 보통체 표현(정중체는 '～ました')이며, 모든 동사의 'た형'은 'て형'과 활용형이 같음. / [3그룹 동사 て/た형] する (하다) → した (했다), くる (오다) → きた (왔다)

友だちと 公園を 散歩した。 친구와 공원을 산책했다.

今日も 朝寝坊した。 오늘도 늦잠 잤다.

春が 来た。 봄이 왔다.

035 [2그룹 동사 て/た형] 기본형의 어미 'る'를 없앤 형태

昨日 日本映画を 見た。 어제 일본 영화를 봤다.

昨日は 一日 中 寝た。 어제는 하루 종일 잤다.

息子が 生まれた。 아들이 태어났다.

036 [1그룹 동사 て/た형] 'す'로 끝나는 동사, 'う, つ, る'로 끝나는 동사, 'く, ぐ'로 끝나는 동사, 'ぬ, ぶ, む'로 끝나는 동사에 따라 활용형이 4가지

フルマラソンを 走った。 풀 마라톤을 뛰었다.

辞表を 書いた。 사표를 썼다.

会社を 休んだ。 회사를 쉬었다.

037 「(V た형)+た Nです」 = 「~한 ~입니다」

これは 沖縄で 撮った 写真です。 이것은 오키나와에서 찍은 사진입니다.

これは 築地市場で 買った マグロです。 이것은 쓰키지 시장에서 산 참치입니다.

これは 山田さんが 書いた 手紙です。 이것은 야마다 씨가 쓴 편지입니다.

038 「(V た형)+た Nは ~です」 = 「~한 ~은/는 ~습니다」

昨日 見た 日本映画は とても おもしろかったです。 어제 본 일본 영화는 무척 재미있었습니다.

昨日 築地市場で 食べた おすしは とても おいしかったです。 어제 쓰키지 시장에서 먹은 초밥은 무척 맛있었습니다.

先日 受けた テストはとても 難しかったです。 요전날 본 시험은 무척 어려웠습니다.

039 「V(た형)＋た ことが あります」＝「～한 적이 있습니다」

京都に 行った ことが あります。　　　　　교토에 간 적이 있습니다.

日本人と 話した ことが あります。　　　　일본인과 이야기한 적이 있습니다.

病院に 入院した ことがあります。　　　　병원에 입원한 적이 있습니다.

040 「V(た형)＋た 後で ～ます」＝「～한 후에 ～합니다」

食事をした 後で、歯を 磨きます。　　　　식사를 한 후에, 이를 닦습니다.

食事をした 後で、散歩します。　　　　　　식사를 한 후에, 산책을 합니다.

泳いだ 後で、ビールを 飲みます。　　　　　헤엄친 후에, 맥주를 마십니다.

041 「N＋の 後で、～ませんか」＝「～ 후에 ～하지 않겠습니까?」

食事の 後で、お茶を 飲みませんか。　　　　식사 후에, 차를 마시지 않겠습니까?

食事の 後で、散歩しませんか。　　　　　　　식사 후에, 산책하지 않겠습니까?

運動の 後で、ビールを 飲みませんか。　　　운동 후에, 맥주를 마시지 않겠습니까?

042 「V(て형)＋てから ～ます」＝「～하고 나서 ～합니다」

シャワーを 浴びてから、寝ます。　　　　　　샤워를 하고 나서, 잡니다.

日記を 書いてから、寝ます。　　　　　　　　일기를 쓰고 나서, 잡니다.

手を 洗ってから、料理を します。　　　　　손을 씻고 나서, 요리를 합니다.

043 「V(기본형)＋前に ～ます」＝「～ 전에 ～합니다」

「N＋の 前に ～ます」＝「～ 전에 ～합니다」

寝る 前に シャワーを 浴びます。　　　　　　자기 전에 샤워를 합니다.

寝る 前に 日記を 書きます。　　　　　　　　자기 전에 일기를 씁니다.

料理の 前に 手を 洗います。　　　　　　　　요리 전에 손을 씻습니다.

「Nが できる」＝「~을/를 할 수 있다」

| | |
|---|---|
| ピアノが できます。 | 피아노를 칠 수 있습니다. |
| 日本語が できます。 | 일본어를 할 수 있습니다. |
| ゴルフが できます。 | 골프를 칠 수 있습니다. |

「V(기본형)＋ことが できる」＝「~할 수 있다」

| | |
|---|---|
| 英語を 話す ことが できます。 | 영어를 말할 수 있습니다. |
| ケーキを 作る ことが できます。 | 케이크를 만들 수 있습니다. |
| 海で 泳ぐ ことができます。 | 바다에서 헤엄칠 수 있습니다. |

## 046

[3그룹 동사의 가능형] する (하다) → できる (할 수 있다), くる (오다) → こられる (올 수 있다)

| | |
|---|---|
| 何時ごろ 来られますか。 | 몇 시쯤 올 수 있습니까? |
| 料理できますか。 | 요리할 수 있습니까? |
| 運転できますか。 | 운전할 수 있습니까? |

[2그룹 동사의 가능형] 기본형 어미 '경'를 없애고 '경れる'를 붙인 형태.

| | |
|---|---|
| 納豆が 食べられますか。 | 낫토를 먹을 수 있습니까? |
| スマホで テレビが 見られますか。 | 스마트폰으로 TV를 볼 수 있습니까? |
| 夜 一人で 寝られますか。 | 밤에 혼자서 잘 수 있습니까? |

[1그룹 동사의 가능형] 기본형의 어미 'う단(u모음)'을 'え단(e모음)'으로 바꾸고 '경'를 붙인 형태.
(1, 2, 3그룹 동사로 만들어진 '가능형 동사'는 모두 '2그룹 동사')

| | |
|---|---|
| 英語が 話せますか。 | 영어를 말할 수 있습니까? |
| ケーキが 作れますか。 | 케이크를 만들 수 있습니까? |
| 海で 泳げますか。 | 바다에서 헤엄칠 수 있습니까? |

'가능형 동사'는 모두 2그룹 동사의 활용 법칙을 따름. /「V(ます형)＋ません」=「～지 않습니다」
→ 食<sub>た</sub>べられません。= 먹지 못합니다.

私<sub>わたし</sub> は 納豆<sub>なっとう</sub>が 食<sub>た</sub>べられません。　　　　　　저는 낫토를 먹지 못합니다.

私<sub>わたし</sub> は 朝<sub>あさ</sub> 早<sub>はや</sub>く 起<sub>お</sub>きられません。　　　　저는 아침 일찍 일어나지 못합니다.

娘<sub>むすめ</sub> は まだ 歩<sub>ある</sub>けません。　　　　　　　　딸은 아직 걷지 못합니다.

## 050

「V(사전형)＋ように なる」=「～하게 되다」/ 이 표현은 가능형 동사와 함께 쓰이는 경우가 많
음. (ex) 食<sub>た</sub>べられる ように なる。= 먹을 수 있게 되다.

納豆<sub>なっとう</sub>が 食<sub>た</sub>べられる ように なりました。　　　낫토를 먹을 수 있게 되었습니다.

朝<sub>あさ</sub> 早<sub>はや</sub>く 起<sub>お</sub>きられる ように なりました。　　아침 일찍 일어날 수 있게 되었습니다.

娘<sub>むすめ</sub> が 歩<sub>ある</sub>ける ように なりました。　　　　　딸이 걸을 수 있게 되었습니다.

「V(ない형)＋なく なる」=「～지 않게 되다」/ 이 표현이 '가능형 동사의 ない형'과 결합하면
'～할 수 없게 되다'라는 뜻이 됨.

母<sub>はは</sub>の 料理<sub>りょうり</sub>が 食<sub>た</sub>べられなく なりました 。　어머니의 요리를 먹을 수 없게 되었습니다.

この 川<sub>かわ</sub>では 泳<sub>およ</sub>げなく なりました。　　　　이 강에서는 헤엄칠 수 없게 되었습니다.

お酒<sub>さけ</sub>が 飲<sub>の</sub>めなく なりました。　　　　　　술을 마실 수 없게 되었습니다.

## 052

「Nを 타동사(て형)＋て いる」=「～을/를 ～고 있다」

ハーブティーを 飲<sub>の</sub>んで います。　　　　　　　허브티를 마시고 있습니다.

学食<sub>がくしょく</sub>で 昼<sub>ひる</sub>ごはんを 食<sub>た</sub>べて います。　　학생 식당에서 점심밥을 먹고 있습니다.

今<sub>いま</sub> 何<sub>なに</sub>を して いますか。　　　　　　　지금 무엇을 하고 있습니까?

**053** 「Nを 타동사·착용동사(て형)+て いる」=「~을/를 ~고 있다」

山田さんは メガネを かけて います。　　　　　야마다 씨는 안경을 쓰고 있습니다.

山田さんは 帽子を かぶって います。　　　　야마다 씨는 모자를 쓰고 있습니다.

山田さんは スニーカーを はいて います。　　야마다 씨는 운동화를 신고 있습니다.

**054** 「Nが 자동사·계속동사(て형)+て いる」=「~이/가 ~고 있다」

子どもが 泣いて います。　　　　　　　　아이가 울고 있습니다.

息子が 公園で 遊んで います。　　　　　　아들이 공원에서 놀고 있습니다.

雨が 降って います。　　　　　　　　　　비가 오고 있습니다.

**055** 「Nが 자동사·순간동사(て형)+て いる」=「~이/가 ~어 있다」

ドアが 開いて います。　　　　　　　　　문이 열려 있습니다.

ゴキブリが 死んで います。　　　　　　　바퀴벌레가 죽어 있습니다.

財布が 落ちて います。　　　　　　　　　지갑이 떨어져 있습니다.

**056** '結婚する(결혼하다), 住む(살다), 知る(알다)'의 세 동사는 무조건(동사의 종류에 상관없이) 'て
いる'의 형태로 현재의 상태를 나타냄.

彼女は 結婚して います。　　　　　　　　그녀는 결혼했습니다.

どこに 住んで いますか。　　　　　　　　어디에 살고 있습니까?

あの 事件に ついて 知って いますか。　　그 사건에 대해 알고 있습니까?

**057** 「Nが 타동사(て형)+て ある」=「~이/가 ~어 있다」

ドアが 開けて あります。　　　　　　　　문이 (누군가에 의해) 열려져 있습니다.

花が 飾って あります。　　　　　　　　　꽃이 장식되어 있습니다.

エアコンが つけて あります。　　　　　　에어컨이 켜져 있습니다.

058 「V(て형)+て おく」=「~해 두다, ~해 놓다」

ドアを 開けて おきました。　　　　　　　문을 열어 두었습니다.

花を 飾って おきました。　　　　　　　꽃을 장식해 두었습니다.

エアコンを つけて おきました。　　　　에어컨을 켜 두었습니다.

059 「私は/が (받는 사람)に Nを あげる」=「나는/내가 ~에게 ~을/를 주다」

　私は 友だちに ノートパソコンを あげました。　나는 친구에게 노트북을 주었습니다.

　私は 木村さんに ネクタイを あげました。　나는 기무라 씨에게 넥타이를 주었습니다.

　私は 彼氏に スニーカーを あげました。　나는 남자친구에게 운동화를 주었습니다.

060 「(주는 사람 = 나와 가까운 사람)は/が (받는 사람)に Nを あげる」

　　=「~은·는/~이·가 ~에게 ~을/를 주다」

姉が 田中さんに 義理チョコを あげました。　누나가 다나카 씨에게 의리초코를 주었습니다.

田中さんが 先生に 花を あげました。　다나카 씨가 선생님에게 꽃을 주었습니다.

姉が 田中さんに ケーキを あげました。　누나가 다나카 씨에게 케이크를 주었습니다.

061 「(주는 사람)は/が 私に Nを くれる」=「~은·는/~이·가 나에게 ~을/를 주다」

　友だちが 私に ノートパソコンを くれました。　친구가 나에게 노트북을 주었습니다.

　高橋さんが 私に 本を くれました。　다카하시 씨가 나에게 책을 주었습니다.

　彼氏が 私に 花を くれました。　남자친구가 나에게 꽃을 주었습니다.

## 062

「(주는 사람)은/가 (받는 사람 = 나와 가까운 사람)에게 N을 くれる」

=「~ 은·는/~ 이·가 ~ 에게 ~ 을/를 주다」

高橋さんが 息子に おもちゃを くれました。 다카하시 씨가 (내) 아들에게 장난감을 주었습니다.

彼氏が 妹に お菓子を くれました。 남자친구가 (내) 여동생에게 과자를 주었습니다.

山田さんが 弟に スニーカーを くれました。 야마다 씨가 내 남동생에게 운동화를 주었습니다.

「(받는 사람 = 나/나와 가까운 사람)은/가 (주는 사람)에게 N을 もらう」

=「~ 은·는/~ 이·가 ~ 에게 ~ 을/를 받다」

私は友だちに ノートパソコンを もらいました。 나는 친구에게 노트북을 받았습니다.

私は パクさんに ネクタイを もらいました。 나는 박 씨에게 넥타이를 받았습니다.

私は 彼女に スニーカーを もらいました。 나는 여자친구에게 운동화를 받았습니다.

## 064

「(주는 사람 = 나/나와 가까운 사람)은/가 (받는 사람)에게 V(て형)+て あげる」

=「~ 은·는/~ 이·가 ~ 에게 ~ 해 주다」

私は 鈴木さんに 本を 貸して あげました。 나는 스즈키 씨에게 책을 빌려주었습니다.

私は友だちに パンを 作って あげました。 나는 친구에게 빵을 만들어 주었습니다.

私は 彼氏に セーターを 編んで あげました。 나는 남자친구에게 스웨터를 떠 주었습니다.

「(주는 사람 = 타인)는/가 (받는 사람 = 나/나와 가까운 사람)に V(て형)+て くれる」
=「~은·는/~이·가 ~에게 ~해 주다」

パクさんが 私に 本を 貸して くれました。　박 씨가 나에게 책을 빌려주었습니다.

友だちが 私に パンを 作って くれました。　친구가 나에게 빵을 만들어 주었습니다.

彼女が 私に セーターを 編んで くれました。　여자친구가 나에게 스웨터를 짜 주었
습니다.

「(받는 사람 = 나/나와 가까운 사람)は/が (주는 사람 = 타인)に V(て형)+て もらう」
=「~은·는/~이·가 ~에게 ~해 받다」

私は パクさんに 本を 貸して もらいました。　나는 박 씨에게 책을 빌렸습니다.

私は 友だちに パンを 作って もらいました。　나는 친구에게 빵을 만들어 받았습니다.

私は 彼女に セーターを 編んで もらいま　나는 여자친구에게 스웨터를 짜 받았
した。　습니다.

'동사+(よ)う'는 화자의 의지(독백), 친한 사이에서의 권유 표현. / [3그룹 동사의 의지형] する
(하다) → しよう (해야지/하자), くる (오다) → こよう (와야지/오자)

まじめに 勉強しよう。　성실히 공부해야지(공부하자).

毎日 運動しよう。　매일 운동해야지(운동하자).

また 来よう。　또 와야지(오자).

[2그룹 동사의 의지형] 기본형의 어미 'る'를 없앤 후 'よう'를 붙인 형태.

野菜を たくさん 食べよう。　야채를 많이 먹어야지(먹자).

朝 早く 起きよう。　아침 일찍 일어나야지(일어나자).

明日 映画 見よう。　내일 영화 봐야지(영화 보자).

**069** [1그룹 동사의 의지형] 기본형의 마지막 음절을 'お단(o모음)'으로 바꾼 뒤 'う'를 붙인 형태.

そろそろ 帰ろう。

슬슬 돌아가야지(돌아가자).

明日 映画を 見に 行こう。

내일 영화를 보러 가자.

これからは 日本語で 話そう。

이제부터는 일본어로 이야기하자.

**070** 「V(의지형) + と 思う」 = 「~하려 한다」

日本へ 留学しようと 思います。

일본에 유학하려고 합니다.

そろそろ 帰ろうと 思います。

슬슬 돌아가려고 합니다.

彼女と 結婚しようと 思います。

여자친구와 결혼하려고 합니다.

**071** 「V(의지형) + と 思っている」 = 「~하려고 생각하고 있다」

山田さんは お酒を やめようと 思って
います。

야마다 씨는 술을 끊으려고 생각하고 있
습니다.

車を 買おうと 思っています。

차를 사려고 생각하고 있습니다.

ジムに 通おうと 思っています。

체육관에 다니려고 생각하고 있습니다.

**072** 「V(기본형) + ように する」 = 「~하도록 하다」

期限を 守る ように します。

기한을 지키도록 하겠습니다.

一生懸命に 勉強する ように します。

열심히 공부하도록 하겠습니다.

野菜を たくさん 食べる ように します。

야채를 많이 먹도록 하겠습니다.

**073** 「V(ない형) + ように する」 = 「~지 않도록 하다」

これからは 遅刻しない ように します。

이제부터는 지각하지 않도록 하겠습니다.

お酒を 飲まない ように します。

술을 마시지 않도록 하겠습니다.

たばこを 吸わない ように します。

담배를 피우지 않도록 하겠습니다.

074 「V(기본형)+ように して ください」= 「~하도록 해 주세요」(상대에 대한 '충고, 권고'를 나타내는 표현)

できるだけ 野菜を 食べる ように して くだ　　가능한 한 야채를 먹도록 해 주세요.
さい。

できるだけ 早く 寝る ように して ください。　　가능한 한 일찍 자도록 해 주세요.

毎日 運動する ように して ください。　　매일 운동하도록 해 주세요.

075 「V(ない형)+ない ように して ください」= 「~지 않도록 해 주세요」(상대에 대한 '충고, 권고'를 나타내는 표현)

外食は しない ように して ください。　　외식은 하지 않도록 해 주세요.

辛いものは 食べない ように してください。　　매운 것은 먹지 않도록 해 주세요.

無理しない ように して ください。　　무리하지 않도록 해 주세요.

076 「V(기본형)+つもりだ」= 「~할 예정이다」('V(의지형)と 思う' 표현보다 구체적이고 실현 가능성이 높은 경우 사용)

週末に デパートへ 行く つもりです。　　주말에 백화점에 갈 예정입니다.

週末に 旅行に 行く つもりです。　　주말에 여행하러 갈 예정입니다.

9月に 引っ越す つもりです。　　9월에 이사할 예정입니다.

077 「V(ない형)+ない つもりだ」= 「~지 않을 예정이다」

今年は 国に 帰らない つもりです。　　올해는 고향에 돌아가지 않을 예정입니다.

今日 学校には 行かない つもりです。　　오늘 학교에는 가지 않을 예정입니다.

しばらく 働かない つもりです。　　당분간 일하지 않을 예정입니다.

078 「N＋だ」＝「～이다」라는 뜻의 비과거/긍정의 '보통체' 표현이며, '보통체'란 친구나 가까운 사이에서 사용하는 'です/ます'를 붙이지 않은 문체

今日は 休みだ。 　　　　　　　　　　　　　오늘은 휴일이다.

火事の 原因は たばこだ。 　　　　　　　　화재의 원인은 담배이다.

彼は インフルエンザだ。 　　　　　　　　　그는 독감이다.


079 「N＋じゃ ない」＝「～이/가 아니다, ～이/가 아닌」(비과거/부정의 '보통체' 표현)

今日は 休みじゃ ない。 　　　　　　　　　오늘은 휴일이 아니다.

火事の 原因は たばこじゃ ない。 　　　　　화재의 원인은 담배가 아니다.

彼は インフルエンザじゃ ない。 　　　　　그는 독감이 아니다.


080 「N＋だった」＝「～이었다, ～이었던」(과거/긍정의 '보통체' 표현)

彼が 犯人だった。 　　　　　　　　　　　그가 범인이었다.

火事の 原因は たばこだった。 　　　　　　화재의 원인은 담배였다.

彼は インフルエンザだった。 　　　　　　그는 독감이었다.


081 「N＋じゃ なかった」＝「～이/가 아니었다, ～이/가 아니었던」(과거/부정의 '보통체' 표현)

彼は 犯人じゃ なかった。 　　　　　　　　그는 범인이 아니었다.

火事の 原因は たばこじゃ なかった。 　　　화재의 원인은 담배가 아니었다.

彼は インフルエンザじゃ なかった。 　　　그는 독감이 아니었다.


082 동사의 '기본형'은 '～하다, ～할 것이다(비과거/긍정)'라는 뜻의 '보통체' 표현, 뒤에 오는 명사 수식
(보통체 회화의 의문문은 의문조사 'か'를 생략하고 문말을 높여서 말함)

居酒屋、行く。／ 　　　　　　　　　　　이자카야 갈 거야?

おすし、食べる。／ 　　　　　　　　　　초밥 먹을래?

この本、読む。／ 　　　　　　　　　　　이 책 읽을 거야?

## 083

「V(ない형)+ない」 = 「~지 않다, ~지 않는」(비과거/부정의 '보통체' 표현)

私 は 行かない。 　　　　　　　　　　　나는 가지 않을 거야.

ううん、食べない。 　　　　　　　　　아니, 먹지 않을 거야.

ううん、読まない。 　　　　　　　　　아니, 읽지 않을 거야.

「V(た형)+た」 = 「~었다, ~었던」(과거/긍정의 '보통체' 표현)

元彼から 連絡が 来た。 　　　　　　　전 남친에게서 연락이 왔어.

テストに 合格した。 　　　　　　　　시험에 합격했어.

昨日、ジムで 運動した。 　　　　　　어제 체육관에서 운동했어.

「V(ない형)+なかった」 = 「~지 않았다, ~지 않은」(과거/부정의 '보통체' 표현)

電話に 出なかった。 　　　　　　　　전화를 받지 않았어.

テストに 合格できなかった。 　　　　시험에 합격 못했어.

昨日は 疲れて 運動しなかった。 　　어제는 피곤해서 운동하지 않았어.

## 086

「NAだ」 = 「~하다」(な형용사의 '기본형(NAだ)'은 '~하다(비과거/긍정)'라는 뜻의 '보통체' 표현이 됨)

木村さんは 料理が 上手だ。 　　　　기무라 씨는 요리를 잘한다.

私 は ジェーポップが 好きだ。 　　　나는 제이팝을 좋아한다.

韓国の 地下鉄は 便利だ。 　　　　　한국 지하철은 편리하다.

「NAじゃ ない」 = 「~지 않다, ~지 않은」라는 뜻의 비과거/부정의 '보통체' 표현

山田さんは 料理が 上手じゃ ない。 　야마다 씨는 요리를 잘 못한다.

私 は 飲み会が 好きじゃ ない。 　　난 술자리를 좋아하지 않는다.

この 車は 便利じゃ ない。 　　　　　이 차는 편리하지 않다.

「NAだった」＝「～했다, ～했던」(과거/긍정의 '보통체' 표현)

お祭りは にぎやかだった。 　　　　　　　　축제는 떠들썩했다.

テストは とても 簡単だった。 　　　　　　테스트는 매우 간단했다.

祖父は とても 元気だった。 　　　　　　　할아버지는 매우 건강했다.

「NAじゃ なかった」＝「～지 않았다, ～지 않았던」(과거/부정의 '보통체' 표현)

花火は にぎやかじゃ なかった。 　　　　　불꽃놀이는 떠들썩하지 않았다.

豚カツの 作り方は 簡単じゃ なかった。 　　돈까스 만드는 법은 간단하지 않았다.

祖母は 元気じゃ なかった。 　　　　　　　할머니는 건강하지 않았다.

## 090

「Aい」＝「～다, ～는」(い형용사의 '기본형(Aい)'은 '~다(비과거/긍정)'라는 뜻의 '보통체' 표현이 됨)

どう、おいしい。／ 　　　　　　　　　　　어때, 맛있어?

彼は 成績が いい。 　　　　　　　　　　　그는 성적이 좋다.

彼は 性格が 悪い。 　　　　　　　　　　　그는 성격이 나쁘다.

「Aく ない」＝「～지 않다, ～지 않는」(비과거/부정의 '보통체' 표현) / [특수 활용] 'いい'(좋다)가 과거형, 부정형 등으로 활용이 될 경우 어간(A)의 'い'가 'よ'로 바뀜.

ううん、あまり おいしく ない。 　　　　　아니, 그다지 맛있지 않아.

彼は 性格が よく ない。 　　　　　　　　　그는 성격이 좋지 않다.

彼は 成績が 悪く ない。 　　　　　　　　　그는 성적이 나쁘지 않다.

「Aかった」＝「～었다, ～었던」(과거/긍정의 '보통체' 표현)

日本語の テストは 難しかった。／ 　　　　일본어 시험은 어려웠어?

今日は 天気が よかった。 　　　　　　　　오늘은 날씨가 좋았다.

昨日は とても 忙しかった。 　　　　　　　어제는 매우 바빴다.

093 「Aく なかった」=「~지 않았다, ~지 않았던」(과거/부정의 '보통체' 표현)

うん、あまり 難しく なかった。　　　　　아니, 그다지 어렵지 않았어.

今日は 天気が よく なかった。　　　　　오늘은 날씨가 좋지 않았다.

昨日は あまり 忙しく なかった。　　　　어제는 별로 바쁘지 않았다.

094 「V(보통체)＋そうだ/そうです」=「~라고 한다/합니다」(들은 정보를 전달하는 '전문(伝聞)
표현' / (ex) 雨が [降る / 降った / 降らない/ 降らなかった] そうです。= 비가 [온
다/왔다/오지 않는다/오지 않았다]고 합니다.)

明日 雨が 降るそうです。　　　　　　　　내일 비가 온다고 합니다.

キムさんは アメリカに 行かないそうです。　김 씨는 미국에 가지 않는다고 합니다.

山田さんは 入院したそうです。　　　　　야마다 씨는 입원했다고 합니다.

095 「N(보통체)＋そうだ/そうです」=「~라고 한다/합니다」

天気予報に よると、来週から 梅雨だそう　일기예보에 의하면, 다음 주부터 장마라
です。　　　　　　　　　　　　　　　　고 합니다.

ニュースに よると、彼は 犯人じゃ ないそ　뉴스에 의하면, 그는 범인이 아니라고 합
うです。　　　　　　　　　　　　　　　니다.

今日は 山田さんの 誕生日だったそうです。　오늘은 야마다 씨 생일이었다고 합니다.

096 「な형용사(보통체)＋そうだ/そうです」=「~라고 한다/합니다」

部長は カラオケが 好きだそうです。　　　부장님은 가라오케를 좋아한다고 합니다.

山田さんは 元気じゃ ないそうです。　　　야마다 씨는 건강하지 않다고 합니다.

受験勉強が 大変だったそうです。　　　　수험 공부가 힘들었다고 합니다.

**097** 「い형용사(보통체) + そうだ/そうです」 = 「~라고 한다/합니다」

宇都宮は 餃子が おいしいそうです。

우쓰노미야는 교자가 맛있다고 합니다.

この 映画は おもしろいそうです。

이 영화는 재미있다고 합니다.

豆腐は カロリーが 高く ないそうです。

두부는 칼로리가 높지 않다고 합니다.

**098** 「(보통체/정중체)」 + と 言う/言います = '~'라고 한다/합니다 (직접 인용)

初めて 会った とき、「はじめまして」と
言います。

처음 만났을 때 '처음 뵙겠습니다'라고 말합니다.

寝る とき、「お休みなさい」と 言います。

잘 때 '안녕히 주무세요'라고 말합니다.

彼は「必ず 来ます」と 言いました。

그는 '반드시 오겠습니다'라고 말했습니다.

**099** 「(보통체) + と 言う/言います」 = 「~라고 한다/합니다」 (간접 인용)

お医者さんが 明日は 来なくても いいと
言いました。

의사 선생님이 내일은 오지 않아도 된다고
말했습니다.

田中さんは この 店の ケーキが 一番
おいしいと 言いました。

다나카 씨는 이 가게 케이크가 제일 맛있
다고 말했습니다.

彼は 必ず 来ると 言いました。

그는 반드시 올 거라고 말했습니다.

**100** 「(보통체) + と 思う/思います」 = 「~고 생각한다/생각합니다」

食べ過ぎは 体に よくないと 思います。

과식은 몸에 좋지 않다고 생각합니다.

イさんは やさしい 人だと 思います。

이 씨는 상냥한 사람이라고 생각합니다.

彼女は 今 家に いると 思います。

그녀는 지금 집에 있을 거라고 생각합니다.

## 2. 주요 어휘 총정리

| | | |
|---|---|---|
| 毎日(まいにち) | (명사) 매일 | p.032 |
| また | (부사) 또 | p.032 |
| こちら | (명사) 이쪽 | p.033 |
| 電気(でんき) | (명사) 불 | p.033 |
| つける | (동사) 켜다 | p.033 |
| ペン | (명사) 펜 | p.034 |
| 貸す(かす) | (동사) 빌려주다 | p.034 |
| で | (조사) ~(으)로 (수단, 방법) | p.034 |
| 消す(けす) | (동사) 끄다 | p.034 |
| ちょっと | (부사) 잠깐 | p.035 |
| 待つ(まつ) | (동사) 기다리다 | p.035 |
| 手伝う(てつだう) | (동사) 도와주다 | p.035 |
| バス | (명사) 버스 | p.035 |
| 乗る(のる) | (동사) 타다 | p.035 |
| 名前(なまえ) | (명사) 성함 | p.036 |
| 書く(かく) | (동사) 쓰다 | p.036 |
| 急ぐ(いそぐ) | (동사) 서두르다 | p.036 |
| 歩く(あるく) | (동사) 걷다 | p.036 |
| 一緒に(いっしょに) | (부사) 함께 | p.037 |
| 死ぬ(しぬ) | (동사) 죽다 | p.037 |
| 遊ぶ(あそぶ) | (동사) 놀다 | p.037 |
| 読む(よむ) | (동사) 읽다 | p.037 |

| | | |
|---|---|---|
| 脱ぐ(ぬぐ) | (동사) 벗다 | p.052 |
| 入る(はいる) | (동사) 들어오다 | p.052 |
| 本(ほん) | (명사) 책 | p.053 |
| 感想文(かんそうぶん) | (명사) 감상문 | p.053 |
| 薬(くすり) | (명사) 약 | p.053 |
| 休む(やすむ) | (동사) 쉬다 | p.053 |
| 噛む(かむ) | (동사) 씹다 | p.053 |
| 晩ごはん(ばんごはん) | (명사) 저녁밥 | p.054 |
| めったに | (부사) 좀처럼, 거의 | p.060 |
| 料理(りょうり) | (명사) 요리 | p.060 |
| ドラマ | (명사) 드라마 | p.061 |
| 朝ごはん(あさごはん) | (명사) 아침밥 | p.061 |
| スーツ | (명사) 정장, 슈트 | p.061 |
| 着る(きる) | (동사) 입다 | p.061 |
| 無駄だ(むだだ) | (な형용사) 쓸데없다, 헛되다 | p.062 |
| 物(もの) | (명사) 물건 | p.062 |
| 受ける(うける) | (동사) 응하다, 받다 | p.063 |
| 宿題(しゅくだい) | (명사) 숙제 | p.063 |
| 自宅(じたく) | (명사) 자택 | p.063 |
| 仕事(しごと) | (명사) 일 | p.063 |
| 砂糖(さとう) | (명사) 설탕 | p.064 |
| どこにも | (연어) 어디에도 | p.065 |
| 傘(かさ) | (명사) 우산 | p.065 |
| 持つ(もつ) | (동사) 지니다, 들다 | p.065 |

| | | |
|---|---|---|
| 海(うみ) | (명사) 바다 | p.103 |
| ごろ | (명사) 쯤, 무렵 | p.104 |
| 夜(よる) | (명사) 밤 | p.105 |
| 一人で(ひとりで) | (연어) 혼자서 | p.105 |
| 朝(あさ) | (명사) 아침 | p.107 |
| 早く(はやく) | (부사) 일찍 | p.107 |
| 起きる(おきる) | (동사) 일어나다 | p.107 |
| 娘(むすめ) | (명사) 딸 | p.107 |
| まだ | (부사) 아직 | p.107 |
| 母(はは) | (명사) (자신의) 어머니 | p.109 |
| ハーブティー | (명사) 허브티 | p.114 |
| 学食(がくしょく) | (명사) 학생 식당 | p.114 |
| 昼ごはん(ひるごはん) | (명사) 점심밥 | p.114 |
| 何(なに·なん) | (명사) 무엇 | p.114 |
| メガネ | (명사) 안경 | p.115 |
| かける | (동사) (안경 등을) 쓰다, 걸다 | p.115 |
| スニーカー | (명사) 운동화 | p.115 |
| 泣く(なく) | (동사) 울다 | p.116 |
| ドア | (명사) 문 | p.117 |
| 開く(あく) | (동사) 열리다 | p.117 |
| ゴキブリ | (명사) 바퀴벌레 | p.117 |
| 財布(さいふ) | (명사) 지갑 | p.117 |
| 落ちる(おちる) | (동사) 떨어지다 | p.117 |
| 結婚する(けっこんする) | (동사) 결혼하다 | p.118 |

MEMO

MEMO

좋은 책을 만드는 길
독자님과 함께 하겠습니다.

나의 하루 1줄 일본어 쓰기 수첩 [중급문장 100]

| | |
|---|---|
| 초판5쇄 발행 | 2024년 02월 20일 (인쇄 2023년 12월 28일) |
| 초 판 발 행 | 2019년 09월 09일 (인쇄 2019년 08월 23일) |
| 발 행 인 | 박영일 |
| 책 임 편 집 | 이해욱 |
| 저 자 | 이현진 |
| 감 수 | 西村幸子 (니시무라 사치꼬) |
| 편 집 진 행 | 심영미 |
| 표지디자인 | 조혜령 |
| 편집디자인 | 임아람 · 하한우 |
| 발 행 처 | 시대인 |
| 공 급 처 | (주)시대고시기획 |
| 출 판 등 록 | 제 10-1521호 |
| 주 소 | 서울시 마포구 큰우물로 75 [도화동 538 성지 B/D] 9F |
| 전 화 | 1600-3600 |
| 팩 스 | 02-701-8823 |
| 홈 페 이 지 | www.sdedu.co.kr |
| I S B N | 979-11-254-6069-5(14730) |
| 정 가 | 12,000원 |

※ 이 책은 저작권법의 보호를 받는 저작물이므로 동영상 제작 및 무단전재와 배포를 금합니다.
※ 잘못된 책은 구입하신 서점에서 바꾸어 드립니다.